Viviane **Teitelbaum**

Licenciée en journalisme et titulaire d'un master en relations internationales, Viviane Teitelbaum est députée régionale bruxelloise depuis 2004. En 2012, elle devient échevine des Finances et de la Propreté publique. Elle préside le Conseil des Femmes Francophones de Belgique dès 2010 et le Lobby Européen des Femmes depuis 2012.

Viviane Teitelbaum a déjà publié aux Éditions Luc Pire *Enfants cachés, les larmes sous le masque*, *Ixelles se raconte* ainsi que *Salomon, vous êtes Juif !?*, mais également, entre autres, *L'enfance brisée*, aux Éditions Labor et *Quand l'Europe se voile* aux Éditions La Muette. Elle a aussi collaboré à divers ouvrages collectifs.

lucpire éditions

© Éditions Luc Pire
Esplanade de l'Europe, 2A / 2 - 4020 Liège
www.lucpire.be

Coordination éditoriale : [**nor**]production
Création graphique et mise en page : [**nor**]production
www.norproduction.eu
Photo de couverture arrière : © Nathalie Bidoul

ISBN : 978-2-87542-126-5
Dépôt légal : D/2015/12.379/15

Viviane
Teitelbaum

je ne suis pas antisémite, **mais...**

lucpire
éditions

Table des matières

Table des interviews

Avant-propos

À en croire certains intellectuels, même si l'antisémitisme est parfois « virulent[1] », il reste fondamentalement « marginal »[2]. Il n'y aurait plus de véritable rejet des Juifs chez nous. On pourrait même penser que leur situation est enviable. Les vrais problèmes de racisme se trouveraient ailleurs.

Pourtant, début mai 2015, un courrier m'est adressé à mon cabinet d'échevine. Un courrier insultant, qui commence par « crapules juives ». Il nazifie le Premier ministre israélien. Dans la foulée, il accuse les Juifs de Belgique.

> « Gaza = Auschwitz.
> Voleurs, Assassins.
> Menteurs, dégénérés.
> [...] Juifs "belges" complices, collabos. »

1 Un euphémisme qui recouvre peut-être les récents attentats en France et en Belgique.

2 Ces termes sont ceux qu'emploie Dominique Vidal dans un article intitulé « Un antisémitisme virulent mais marginal », *in Le Monde diplomatique*, février 2015.

Ce n'est pas la première fois que je suis victime d'insultes ou de menaces.

À l'automne 2010, après un débat houleux à l'Université libre de Bruxelles (ULB)[3] au cours duquel je prends la parole depuis les bancs du public, je subis une vague de haine, sur Facebook et sur les sites de certains journaux belges.

Le lendemain du débat, un internaute publie ce commentaire sur son blog :

> « Cette ulbiste causerie devait empester le sionisme et, à part ses adeptes, apercevoir la gueule de la sioniste Teitelbaum devait, j'imagine, écœurer la plupart des personnes présentes au Janson. On ne discute pas avec les adorateurs de cette raciste et criminelle idéologie, on se doit de la combattre ! C'est ça être antisioniste ou tout simplement antiraciste ! » (Rachid Z., 21 septembre 2010, 15 heures 59)

Le même jour, on peut lire dans les commentaires du profil Facebook de Souhail Chichah, chargé de cours à l'ULB et intervenant dans le débat :

> « Une vieille juive riche à pognon mais moche comme un rat mort ! heu [*sic*] pardon pour les rats je les aime bien... »

Chichah ne réagit pas.

3 Le lundi 20 septembre 2010 a lieu une projection-débat autour de la liberté d'expression et du film de O. Mukuna, *Est-il permis de débattre avec Dieudonné ?* Un événement co-organisé par le Cercle du libre examen (Librex) et le vice-recteur de l'ULB, Marc Van Damme. Au cours de cette projection, le chercheur Souhail Chichah tient des propos négationnistes.

Sur mon mur Facebook, un dénommé Kim-David Spaey écrit le 23 septembre 2010 à 7 heures 39 :

> « Vous êtes laides et bêtes[4], on dirait une sorcière. »

Et plus tard :

> « Vous êtes tout simplement minable et indigne d'être députée. J'en conférerai avec vos amis du MR ! On verra qui rira le dernier ! »

Et encore sur le mur du Bougnoulosophe, un autre blogueur :

> « Il faut la voir mâchonner le chewing-gum, une charolaise en rut a plus de distinction ! »

Le 11 octobre, sur le blog du journaliste Olivier Mukuna, on passe aux menaces directes. On peut y lire :

> « La peur n'est plus à l'ordre du jour : les intégristes du lobby pro-israélien belge doivent être mis hors d'état de nuire. Et si les Belges héritiers de l'immigration postcoloniale ne peuvent compter sur la protection des pouvoirs publics pour assurer leur sécurité et leur liberté d'expression, il ne leur restera qu'une alternative : s'organiser et se défendre eux-mêmes… »

Le 15 octobre 2010, le responsable du profil Facebook « Baize les Sionistes » [*sic*] publie :

> « Putain les juives c'est des salopes, c'est elles qui méritent de se faire violer ! » (15 octobre à 15 heures 08)

4 Les fautes d'orthographe sont de leurs auteurs.

Simples dérapages verbaux, diront certains...

Pourtant, ces insultes et ces vexations font partie du quotidien de trop nombreux Juifs belges. Pour ceux-ci, le problème n'est pas de savoir, à supposer qu'ils le souhaitent, si leurs enfants pourront porter une kippa à l'école publique ou manger cacher à la cantine. La question est plutôt la crainte des agressions verbales ou physiques qu'eux ou leurs enfants pourraient avoir à subir s'ils étaient reconnus en tant que Juifs.

Oui, il arrive encore, en 2015, que des Juifs aient à craindre des violences ou du harcèlement en Belgique. Et plus souvent qu'on ne le pense. Cette situation est insupportable. Et que l'on ne s'y trompe pas : ce sont ces violences du quotidien bien plus que la crainte des attentats terroristes qui ont poussé plusieurs centaines de Juifs de chez nous à quitter le pays ces dernières années.

C'est pour ceux-là, qui ont fait le choix de partir, que j'écris. C'est aussi pour ceux et celles, bien plus nombreux(ses), qui resteront, mais qui ressentent de plus en plus l'urgence qu'il y a à mettre fin à une violence aussi quotidienne qu'insupportable.

Voici donc *Je ne suis pas antisémite, mais...*

Introduction.
Antisémitisme, le champ s'étend

Alors que l'antisémitisme traditionnel sévit toujours, qu'il soit d'extrême droite ou chrétien, il est rejoint par un antisémitisme de gauche, d'extrême gauche ou musulman.

Depuis longtemps, les mythes les plus anciens – les Juifs tueurs du Christ, assassins d'enfants innocents ou empoisonneurs de puits – ont cédé une partie du terrain à de nouvelles figures : celles du Juif traître à la patrie (Dreyfus), exploiteur du peuple ou comploteur cosmopolite (Rothschild). À ces figures connues s'ajoute aujourd'hui celle du Juif toujours caricaturé comme pervers ou dangereux. Elles nous sont renvoyées par les négationnistes (« La Shoah ? Une invention pour justifier la création d'Israël »), les partisans des théories du complot (« Le 11 septembre 2001, tous les Juifs qui devaient travailler dans les tours du World Trade Center sont restés chez eux ») ou ceux qui se qualifient eux-mêmes d'antisionistes.

Le lecteur non averti s'étonnera peut-être de me voir citer l'antisionisme au rang des figures de ce nouvel antisémitisme. C'est qu'il faut distinguer d'une part la critique légitime et nécessaire[5] de la politique menée par l'État d'Israël et d'autre part la haine des Juifs. Il convient donc, à ce stade de mon propos, que je prenne le temps de m'expliquer davantage.

Ce qui pose problème dans l'antisionisme n'est certainement pas la critique portée aux politiques menées par les gouvernements successifs d'Israël. C'est bien plutôt la manière dont ces critiques sont exprimées qui est source d'inquiétude.

Nul ne s'offusquera, en effet, que l'on trouve de nombreuses personnes pour s'opposer, même de manière virulente, à la politique menée par le gouvernement de M. Netanyahou ou par ses prédécesseurs. Ce type de pression internationale fait partie du débat démocratique et en est même une composante essentielle. D'ailleurs, on trouve également chez nous de nombreuses personnes pour s'opposer à la politique d'autres pays, qu'il s'agisse de la Russie, notamment en Ukraine, du Maroc au Sahara occidental, de la Chine au Tibet, de la Turquie dans les régions de peuplement kurde, des interventions américaines en Afghanistan ou en Irak, des interventions françaises dans divers pays d'Afrique ou même du positionnement du gouvernement allemand dans le dossier de la dette grecque.

Ce qui interpelle, c'est bien la manière dont l'antisionisme se déploie dans la sphère publique. Dans quelles autres manifestations que les défilés « antisionistes » entend-on des slogans tels que « mort aux Juifs » ? Contre quel autre pays voit-on fleurir des accusations de « génocide » totalement fantaisistes ? De la même façon, lorsque le terrorisme tchétchène sévissait en Russie, a-t-on jamais vu qui que ce soit reprocher aux Russes qui vivent chez nous de se sentir parfois solidaires avec leurs compatriotes, leurs amis, leurs familles restés au pays ? Et qui a jamais pensé à accuser un Congolais de Belgique de

5 La critique est toujours nécessaire dans un État démocratique.

complicité avec je ne sais quel crime en raison de sa préférence supposée pour Kabila ou pour Tshisekedi ?

La posture anti-israélienne obsessionnelle que prennent certains politiques et de nombreuses associations relève parfois davantage d'une haine fondamentale pour un pays présenté comme la principale ou même la seule menace à la paix dans le monde que d'un engagement authentique pour la paix. Et on sait, pour l'avoir constaté, qu'il est très facile de basculer de la haine d'un pays à celle des hommes et des femmes qui en font partie.

Et s'il fallait entretenir un peu plus cet antisionisme tellement ambigu, il faut bien constater qu'alors que des massacres de grande envergure se déroulent dans bien des endroits du monde, c'est sur le seul conflit israélo-palestinien que certains médias gardent souvent leurs projecteurs braqués. Est-ce parce que la presse y a un accès beaucoup plus aisé qu'à d'autres zones de conflit que la Bande de Gaza est devenue le seul endroit où les morts ont parfois un visage, un nom, un prénom et parfois même un âge ?

Ce qui ne fait aucun doute, c'est que ces flots continus d'images, d'accusations, de mots qui en appellent si souvent aux émotions plus qu'à la raison ont bel et bien un impact sur le niveau de ressentiment, de haine et de violence contre les Juifs dans nos rues.

Et j'ai bien dit contre les Juifs, pas contre les Israéliens ni même contre les amis d'Israël. Car, bon sang, quand un terroriste ouvre le feu au Musée juif ou dans un magasin cacher, il ne se soucie pas de savoir si ceux qu'il va tuer sont des membres du Likoud ou des sympathisants d'Israel Beytenou[6]. De même

6 Le parti de l'ancien ministre des Affaires étrangères Avigdor Lieberman, connu pour ses prises de position outrancières et ses déclarations extrémistes.

d'ailleurs quand un jeune écervelé attaque dans la rue un passant qui porte une kippa.

Il ne faut pas s'y tromper, c'est bien une fois de plus, hélas, cette haine étrange des Juifs qui se camoufle souvent derrière l'antisionisme de plus en plus virulent qui se répand aujourd'hui. Expressions débridées, menaces, chasses à l'homme, coups, manifestations violentes et violences verbales : la diabolisation d'Israël conduit trop souvent à la nazification des Juifs vivant en Europe.

Bien sûr, on peut toujours être, se dire ou se sentir « antisioniste » en se défendant de toute bonne foi d'être antisémite. Dieudonné, Alain Soral ou Laurent Louis sont des cas extrêmes et il existe sans aucun doute dans les rangs de ceux qui se proclament sans trop y réfléchir « antisionistes » de vrais amis sincères de la paix et du peuple palestinien. Mais, même parmi ceux-là, combien s'en trouve-t-il à ne pas être choqués de défiler dans un cortège où résonnent des cris appelant à tuer « les Juifs » ? Les mêmes qui, à raison, n'accepteraient jamais de marcher au côté d'un ou d'une Le Pen n'ont bien souvent aucun complexe à scander leurs slogans à quelques dizaines de mètres du drapeau d'une organisation terroriste. L'antisionisme est, dans le meilleur des cas, un magma étrange où de nombreux hommes et femmes de bonne volonté se retrouvent à côtoyer des propagandistes haineux. Et cela en toute innocence.

Même si on peut admettre qu'antisionisme et antisémitisme ne sont pas des synonymes, il est difficile de ne pas voir que là où le premier règne en maître, on rencontre souvent le second sous une forme ou sous une autre. C'est pour cette raison qu'il faut s'inquiéter qu'un antisionisme virulent, qu'on retrouve jusque dans la presse et dans les universités, se soit institutionnalisé dans notre pays et en Europe.

Prenant appui sur ce terreau, les paroles et les actes antisémites s'expriment aujourd'hui avec plus de force encore et dans une impunité inquiétante. Et cela, qu'ils soient le fait de jeunes de culture musulmane, de militants d'extrême droite ou d'extrême gauche, mais aussi de chrétiens ou d'humanistes.

Salomon, vous êtes juif !?, publié fin 2008, se donnait pour objet de parcourir l'histoire de l'antisémitisme en Belgique du Moyen Âge à l'ère d'Internet. Le sens de cette démarche n'était pas de revisiter un passé révolu mais, au contraire, de mettre en évidence les continuités et les évolutions qui sous-tendent cette forme particulière de la haine de l'autre.

Aujourd'hui, un nouvel antisémitisme a vu le jour. Il faut donc proposer une nouvelle analyse afin de situer correctement le problème, de mieux le comprendre et de tenter d'en soigner les causes, de prévenir la maladie plutôt que de guérir une plaie à la fois, sans jamais s'attaquer aux origines du mal.

Les quelques années qui se sont écoulées depuis la parution de *Salomon, vous êtes juif !?* ont marqué un nouveau tournant dans l'histoire de la haine des Juifs.

Avec les assassinats antisémites de Toulouse en 2012, de Bruxelles en 2014, de l'Hyper Cacher de Paris en janvier 2015 et de Copenhague en février 2015, on a pu voir que l'antisémitisme tuait à nouveau sur le sol européen.

Oui, en Europe, aujourd'hui encore, des Juifs sont assassinés pour la seule raison qu'ils sont juifs. Et ces crimes ne sont que la partie émergée d'un iceberg effrayant. Ni Merah, ni Nemmouche, ni Coulibaly ne sont nés par génération spontanée. Ils se sont construits sur un échafaudage de haines, de confusions, de préjugés et de généralisations qui leur a donné bonne conscience. Même au moment de tuer d'une balle dans la tête une petite fille de 7 ans, comme à Toulouse.

Aussi provocante que soit cette réalité, il faut le dire : ce qui est inquiétant n'est pas seulement que l'on tue des Juifs, c'est aussi qu'on le fasse en pensant agir ainsi au nom du bien ou de la justice.

On aurait pu espérer que la répétition de crimes aussi odieux suffirait à dessiller les yeux de ceux qui, aujourd'hui, sont tentés par un antisémitisme de tous les jours. Il n'en a, hélas, rien été.

Au contraire, dans les mois qui ont suivi ces crimes, la situation a continué à se détériorer. Entre insultes, tags, menaces, agressions verbales et physiques, cris de « mort aux Juifs », profanations de sépultures, glorification des assassins sur les réseaux sociaux ou sur les murs de nos villes, le nombre d'agressions antisémites, qu'elles soient physiques ou verbales, n'a cessé d'augmenter.

L'antisémitisme, un racisme comme un autre ?

Une agression, une insulte, une injustice à l'égard d'un Juif ne sont ni plus ni moins condamnables que celles qui frappent n'importe quelle autre personne. Il faut toutes les dénoncer.

Pourquoi alors faire de l'antisémitisme un cas particulier ? La réponse se trouve dans l'histoire de l'Europe elle-même. L'antisémitisme est en effet la forme de racisme la plus consubstantielle à l'histoire de notre continent.

L'antisémitisme est intriqué dans les cultures de l'Europe et, de manière plus générale, du pourtour méditerranéen[7], comme les névroses d'un individu le sont dans son psychisme. Qu'il soit

7 Je reviendrai sur l'antisémitisme dans le monde musulman au chapitre 5.

culturel, religieux, économique, racial ou politique, on retrouve des traces d'hostilité vis-à-vis des Juifs en Europe même avant l'ère chrétienne. Et cette hostilité n'a fait que s'accroître au XVIIIe, au XIXe et au début du XXe siècle. Elle revient en force aujourd'hui.

Il serait trop simple, pour toutes ces raisons, de considérer que la Shoah[8] est un accident de l'histoire. Il serait dangereux également d'en limiter la responsabilité au seul régime national-socialiste. Car si ce génocide[9] a été possible, s'il a été souhaité, planifié et mis en œuvre, c'est aussi avec la complicité de nombreux États européens et d'une partie significative de leurs populations.

Alors que l'on vient de commémorer le septantième anniversaire de la libération des camps et de la fin du régime nazi, à l'heure où l'Europe se souvient que des millions de personnes ont péri à cause de leurs origines, de leurs convictions religieuses ou politiques, de leurs orientations sexuelles, de leur résistance à l'oppression nazie, à cette heure du souvenir, l'Europe a fait le serment de ne jamais oublier la signification particulière de ce racisme-là. C'est une promesse qu'elle doit respecter. Et elle se le doit avant tout à elle-même.

La démocratie est une plante fragile[10]

L'enjeu de cette mémoire n'est rien d'autre que le sort de la démocratie. Une démocratie authentique doit être capable de défendre ses minorités. Or, dans tous les pays européens, ces dernières années, les principes démocratiques ont été bousculés.

8 Voir le lexique.

9 Voir le lexique.

10 Jean-Luc Dehaene : « Il faut d'ailleurs comparer la démocratie à une plante fragile qui ne survivra que si on la soigne bien. De plus, elle présente l'étrange caractéristique de pouvoir s'autodétruire de manière démocratique. » Discours doctorat *honoris causa*, Université catholique de Louvain, le 2 février 1995.

Entre 2000 et 2008, on a assisté à une hausse de l'intolérance à l'égard des minorités[11] (musulmans, Roms, Juifs, migrants, gens « d'une autre race » ou, comme on préfère le dire aujourd'hui, « d'une autre culture »). Répondre de manière adéquate à cette montée des intolérances ne consiste évidemment pas à donner davantage de pouvoir à ces minorités ni, sous couvert de « défense de leurs droits », de transformer notre société en une juxtaposition de groupes minoritaires vivant séparément et suivant leurs propres règles. Cela ne ferait au contraire que renforcer le repli et l'incompréhension. Il s'agit plutôt d'offrir aux personnes issues de ces groupes plus vulnérables les garanties nécessaires pour permettre leur sécurité et leur épanouissement.

Il y a plusieurs critères pour mesurer la force d'une démocratie. Les progrès réalisés en termes d'égalité entre les femmes et les hommes et la force des réactions qui s'y font entendre pour s'élever contre les injustices vécues par des minorités sont parmi les plus importants. Quand il s'agit, par contre, de prendre la mesure de la dégradation de la démocratie dans une société, l'histoire a montré que la montée de l'antisémitisme était l'un des baromètres les plus adéquats. Si la société se développe harmonieusement, l'antisémitisme régresse. Si la démocratie décline, l'antisémitisme grandit.

Dans le passé, on s'en est pris aux Juifs parce qu'ils étaient les étrangers par excellence. Ils représentaient cet « autre » qui vivait parmi les Européens depuis si longtemps, sans jamais renoncer à sa différence. À la fois si semblable et, pourtant, toujours ressenti comme différent[12]. Proche en cela de son

11 Voir notamment « Attention, démocratie fragile », article d'Olivier le Bussy publié le mercredi 25 septembre 2013 sur Lalibre.be.

12 On se souvient de Raymond Barre, après l'attentat de 1980 contre la synagogue de la rue Copernic, regrettant publiquement que celui-ci ait aussi frappé des « Français innocents ». Voulait-il dire par là que les victimes juives de l'attentat n'étaient pas vraiment françaises ? Ou pas vraiment innocentes ?

compagnon de malheur le Rom. C'est sans doute pour cette raison qu'il est d'abord et toujours visé. Aucune société n'est à l'abri de cette contagion, qui abîme le tissu social et fait de celui qu'on désigne comme étranger un bouc émissaire idéal.

Europe : vieux symptôme, nouvelles métastases

Alors que les derniers survivants des camps et les enfants cachés témoignent encore avec courage dans quelques écoles, on peut se demander comment de jeunes gens peuvent reprendre les leitmotive antisémites des siècles passés[13].

Simon Epstein, professeur d'Histoire à l'Université hébraïque de Jérusalem, explique que l'antisémitisme ne repose sur aucune raison stable. Ses propagateurs trouvent toujours de fausses bonnes raisons, économiques, culturelles, religieuses, voire raciales pour le répandre comme un poison. Aujourd'hui, ajouterais-je, les nouvelles raisons qui apparaissent pour justifier l'antisémitisme semblent être de nature politique, voire faussement humanitaire.

Dans une interview accordée à *Akadem*[14], le professeur Epstein explique que depuis 1945, l'antisémitisme revient par vagues. « Depuis la deuxième Intifada au tournant du XXIe siècle, nous assistons à la quatrième vague, différente des trois précédentes car elle est le fait de jeunes, d'origine maghrébine, et pas de l'extrême droite. » Selon lui, chaque vague antisémite développe une adaptation aux conditions du moment.

13 Claude Javeau, « Avoir la haine », *La Libre Belgique*, mis en ligne le 14 avril 2005.

14 « Les Juifs au gré des idéologies dominantes. Antisémitisme à la française », *Akadem, le campus numérique juif*, février 2014. Voir aussi la conférence en ligne de Simon Espstein sur www.akadem.org.

« Dieudonné et Soral ont utilisé et se sont adaptés à deux points importants : les limitations légales et l'exploitation des moyens détournés comme l'antisionisme ou l'humour. Ensuite, il y a l'adaptation aux nouveaux modes de communication comme Internet, les réseaux sociaux ou YouTube.

[...] L'antisémitisme, ajoute-t-il, dans sa récurrence cyclique, est indépendant de la Shoah. Les vagues antisémites de l'après-45, que ce soit dans les pays communistes et socialistes du bloc de l'Est, dans les pays arabes ou encore celles qui se sont développées en Europe occidentale, n'ont rien à voir avec la Shoah, dont le drame a marqué le peuple juif dans son histoire, sa démographie et sur le plan de sa signification. »

On doit le constater avec Simon Epstein, la Shoah n'a pas d'influence protectrice durable quand il s'agit de lutter contre l'antisémitisme. La mémoire de la Shoah ne peut plus empêcher les manifestations antisémites aujourd'hui, même les plus débridées.

L'antisémitisme se propage par vagues, souvent petites ou moyennes, que l'on peut contrer. Parfois, un tsunami impossible à arrêter, qui emporte tout ou presque sur son passage. Tous les pays européens ont été traversés à un moment ou à un autre de leur histoire par ce type de vague meurtrière, de Vienne à Venise, de Séville à Varsovie, de Moscou à Paris, d'Amsterdam à Anvers, Munich, Budapest, Athènes ou Bucarest. Cette haine a continué après la Shoah, lors de pogroms en Pologne ou de purges antisémites en URSS.

Aujourd'hui, en Europe, la vague semble monter en puissance. La haine antisémite reprend vigueur à travers de nouveaux et d'anciens visages.

Le processus est connu : lors d'une crise, d'un déséquilibre de la société, la faute se porte sur un coupable choisi, un élément fragile, un innocent qui peut facilement être désigné. L'antisémitisme est une hydre politique et intellectuelle, une maladie incurable qui resurgit après une période plus ou moins longue d'incubation. Depuis l'Antiquité, cette haine ancestrale ressemble par moments à une folie collective.

Le virus peut rester calme durant de longues années mais lorsqu'il se réveille, il semble à chaque fois plus violent, plus résistant aux antidotes. C'est une maladie contagieuse dont il semble que notre société ne puisse guérir et qui peut prendre des formes diverses.

La maladie s'attaque d'abord aux organes faibles. Elle se propage ensuite dans les autres parties du corps social qui, finalement, est entièrement touché. Parfois, une mutation s'opère et c'est une nouvelle variété qui apparaît : on ne la voit pas, on ne la reconnaît pas, on l'ignore. On cherche ailleurs le microbe, comme ces belles âmes qui voudraient mettre l'antisémitisme de jeunes issus de l'immigration maghrébine sur le seul compte d'une situation sociale difficile. Comme si cela pouvait excuser quoi que ce soit. Comme si, surtout, cela rendait le mal moins dangereux. Quand l'esprit s'égare à ce point s'agissant du diagnostic, tous les traitements et les thérapies les plus sophistiquées ne peuvent venir à bout de la maladie. Quand le mal est installé, il semble bien ne plus pouvoir être éradiqué.

Lorsque l'antisémitisme prend un nouveau visage, il est aussi plus simple, plus confortable, de l'occulter ou de le nier. À moins qu'on ne se contente de l'excuser.

Ce nouvel antisémitisme

Depuis la deuxième Intifada, l'antisémitisme et l'incitation à la haine des Juifs reprennent vigueur, de manière violente chez nous. Ils resurgissent, sous couvert d'antisionisme, dans les milieux islamistes, mais aussi dans les familles musulmanes les plus ordinaires ainsi qu'aux extrêmes du spectre politique, quand ce n'est pas simplement à gauche, à droite ou chez certains progressistes chrétiens ou laïques.

Le danger est-il le même que dans la première moitié du XXe siècle ? Pour Simon Epstein, « dans les années 1930, alors que l'antisémitisme augmentait, les Juifs se sont retrouvés pris dans un piège planétaire puisque les frontières se fermaient et qu'ils n'avaient pas où aller. Aujourd'hui, Israël existe et donc il y aura toujours un lieu d'accueil ».

Cependant, pour l'alliance « rouge-brun-vert[15] », Israël est l'État de trop, la cause de tous les maux planétaires. Pierre-André Taguieff explique dans sa préface au livre de Jacques Tarnero[16] qu'en délivrant une autorisation d'éliminer le « cancer sioniste », la démonisation d'Israël a fini par fabriquer un équivalent de la « Solution finale de la question juive ». La destruction d'Israël est devenue la « solution » de la nouvelle « question juive », résultat de l'islamisation du discours antisioniste, mêlant les arguments de type nationaliste ou ethnonationaliste aux thèmes politico-religieux du fondamentalisme musulman.

15 Couleurs des extrémismes de gauche, de droite et de l'islamisme, trois tendances politiques opposées sur bien des points mais qui se retrouvent au moins sur leur rejet commun d'Israël… et de toute forme de démocratie véritable.

16 Pierre-André Taguieff, préface à Jacques Tarnero, *Le Nom de trop. Israël illégitime ?* Armand Colin, 2011.

Il explique également que la haine totale d'Israël fait désormais partie du paysage idéologique mondial.

« Tarnero montre avec sa fougue convaincante, en multipliant les analyses d'exemples, que l'idéologie "antisioniste" ne saurait se réduire à une critique de la politique israélienne. Elle constitue un puissant mode de délégitimation de l'État juif et prépare les esprits à accepter sa destruction par tous les moyens. L'antisionisme radical fonctionne comme un mythe mobilisateur en même temps que comme une religion séculière, promettant le salut à ceux qui adhèrent à ses dogmes. Stade suprême du politiquement et de l'éthiquement correct, il assure un confort intellectuel et moral maximal à ceux qui s'affirment "pro-palestiniens". Dotés d'une bonne conscience inébranlable, ces derniers se sont installés dans le camp du bien. Ils parlent la langue "antisioniste", avec ses slogans et ses clichés, imperméables aux arguments susceptibles d'ébranler leur conformisme idéologique. Ils savent que ce conformisme leur garantit l'accès aux médias, donc aux instruments les plus efficaces de l'endoctrinement et de la propagande. »

Le même phénomène se développe en Belgique depuis 15 ans. Et cela nourrit un antisémitisme de plus en plus présent et exprimé librement. Quasiment sans contrainte, ni légale ni morale.

Je ne vais pas énumérer tous les faits antisémites recensés ces dernières années – le lecteur qui voudrait en savoir plus trouvera la plupart d'entre eux sur le site www.antisemitisme.be – et me contenterai d'en citer l'un ou l'autre à titre illustratif.

Ce livre laissera une place importante à des entretiens avec des expert(e)s et des témoins. Les laisser parler est parfois plus fort et plus juste que ce que je pourrais en dire.

Par ailleurs, bien que féministe assumée, je n'ai pas féminisé les mots comme je le fais d'habitude, mes ami(e)s miltant(e)s m'en excuseront.

Pour ceux qui s'en étonneraient, il est aussi utile de rappeler que, dans ces pages, j'écris le nom j/Juif en conformité avec les règles de la langue française, à savoir que sans majuscule, il désigne les croyants de la religion juive, tandis qu'avec une majuscule, il fait référence aux membres du peuple juif (personnes de culture ou d'origine juive indépendamment de leurs croyances religieuses). De même, musulman, désignant une religion, ne prend pas de majuscule, tandis qu'Arabe, désignant un groupe de population, en prend une.

Enfin, l'explication de certains termes a été renvoyée à la fin de l'ouvrage (dans le lexique) afin de ne pas alourdir un texte déjà chargé en notes et citations.

PARTIE 1.
Être juif, une histoire européenne

1.
La mort est un maître d'Europe : 2 000 ans d'histoire

Schwarze Milch der Frühe wir trinken dich nachts wir trinken dich mittags der Tod ist ein Meister aus Deutschland wir trinken dich abends und morgens wir trinken und trinken der Tod ist ein Meister aus Deutschland sein Auge ist blau[17].

Paul Celan

L'histoire des Juifs d'Europe remonte à plus de 2 000 ans. Des traces existent : il y a ainsi des rues aux Juifs un peu partout en France, en Belgique et dans toute l'Europe. Parmi les plus anciennes synagogues que l'on peut encore visiter en Europe, citons celles d'Erfurt (XIe siècle), de Prague (XIIIe siècle) et de Carpentras (XIVe siècle). C'est aussi en Europe que les plus

17 « Lait noir du matin que nous buvons dans la nuit / que nous buvons à midi, la mort est un maître d'Allemagne / on boit le matin et le soir on boit et boit / la mort est un maître d'Allemagne, son œil est bleu. » Paul Celan a écrit ce poème en mai 1945, à Bucarest, trois mois après la libération du camp d'Auschwitz par l'Armée rouge.

fameux commentateurs juifs des textes sacrés ont écrit leurs œuvres.

Bien avant que Dom Perignon n'invente les bulles, Rachi, le plus célèbre des commentateurs du Talmud, exerce notamment la profession de vigneron en Champagne. C'est au XIe siècle. Son commentaire de la Loi est aujourd'hui encore parmi les plus importants de la tradition juive. Il est d'ailleurs l'une des sources auxquelles, par l'intermédiaire des œuvres de Nicolas de Lyre, Martin Luther se réfère pour sa traduction de la Bible. Le philosophe, médecin et commentateur Maïmonide exerce, quant à lui, la médecine du côté de Cordoue au XIIe siècle.

Si l'on remonte bien plus loin, on retrouve aussi des sépultures juives dans les catacombes romaines. D'après Flavius Josèphe, l'année de la naissance de Jésus-Christ, il y a pas moins de 8 000 Juifs à Rome.

De la fin de l'Antiquité jusqu'au XXe siècle, l'antisémitisme, les persécutions et les discriminations sont assez largement le fait de l'antijudaïsme chrétien, qui n'a d'ailleurs pas que des motivations religieuses. Ainsi, il n'est pas rare que la religion serve de prétexte commode lorsqu'un prince veut mettre la main sur les biens et la fortune de tel ou tel marchand juif. Ce n'est pas sans raison que le lieu où Philippe le Bel fait exécuter les Templiers s'appelle l'île aux Juifs : la fortune de ces chevaliers chrétiens n'est pas la première sur laquelle le Roi tente de faire main basse et des changeurs juifs ont connu le bûcher à cet endroit avant eux.

Les chrétiens ne sont d'ailleurs pas les seuls à persécuter les Juifs. Selon Hannah Arendt, au XVIIIe siècle, les hommes des Lumières, à l'exception de Denis Diderot, méprisent également les Juifs comme étant trop attachés à leur religion. Ils sont parfois mieux considérés par les conservateurs : « Les hommes des Lumières qui préparèrent la Révolution française méprisaient tout naturellement les Juifs : ils voyaient en eux les survivants de l'obscurantisme médiéval, les odieux agents financiers de l'aristocratie. Leurs seuls défenseurs déclarés en France furent les écrivains conservateurs qui dénoncèrent l'hostilité envers les Juifs comme "l'une des thèses favorites du XVIIIe siècle" (J. de Maistre)[18]. »

Les premiers Juifs d'Europe

Mais qui sont ces Juifs d'Europe ? Selon Mireille Hadas-Lebel, la diaspora européenne est composée de descendants d'habitants de Judée, de personnes venues de dispersions orientales plus anciennes (Asie mineure, Égypte et Syrie) et de convertis au judaïsme.

Chronologiquement, c'est en Méditerranée orientale que l'on retrouve les premières traces de présence juive. À partir de la Grèce, les communautés se répartissent ensuite tout autour du bassin méditerranéen avec l'avènement de l'Empire romain.

On trouve des marques importantes de la présence juive en Italie, notamment à Rome, dans les premiers siècles de notre ère. Les communautés essaiment ensuite à partir de ce pays et de ses ports. Sur le territoire de la Gaule, les premiers vestiges archéologiques d'une présence juive remontent aux premiers siècles de notre ère. On a ainsi retrouvé une épitaphe du IIe siècle à Antibes et une lampe à huile du IIIe siècle

18 Hannah Arendt, *Les Origines du totalitarisme*, tome I – *Sur l'antisémitisme*, réédité par Calmann-Lévy, 1973, p. 110.

décorée d'une menora[19] près de Cognac[20]. Ailleurs, les premières traces tangibles de présence juive remontent au IIIe et surtout au IVe siècle de notre ère, notamment en Espagne.

À la fin de l'Empire romain, des communautés juives sont donc recensées dans de nombreuses villes d'Europe : de Rome jusqu'à Tarragone ou Cologne en passant par Lyon. Les Juifs constituent des groupes minoritaires. Ils connaissent des sorts différents d'un pays à l'autre. Brimés sous l'Ancien Régime, les Juifs d'Europe se coupent progressivement de la société environnante. Ils connaissent pourtant aussi des périodes fastes, comme à Cordoue au Xe siècle ou peu après en Champagne et plus tard en Pologne. Ils jouent un grand rôle culturel et économique tout au long de l'histoire.

Selon l'historien Léon Poliakov, il n'existe aucune trace d'antisémitisme dans l'Antiquité avant le IIIe siècle avant Jésus-Christ et le foyer de cet antisémitisme est l'Égypte ptolémaïque. Les violences généralisées contre les Juifs n'apparaissent que sous la domination romaine[21]. Au Ier siècle, les Juifs d'Alexandrie réclament un droit de cité auquel les autorités grecques s'opposent. Les tensions communautaires dégénèrent, la communauté juive est l'objet de persécutions par le préfet et la Ville et de violentes émeutes éclatent. Les troubles sont tels qu'on les qualifierait sans doute aujourd'hui de « pogroms »[22].

19 Chandelier (ou candélabre, autre acception conventionnelle) à sept branches des Hébreux.

20 *Les Juifs en Europe dans l'Antiquité*, entretien avec Mireille Hadas-Lebel, professeur à Paris-IV et spécialiste de l'histoire du judaïsme dans le monde antique. Elle a notamment écrit *Rome, la Judée et les Juifs* (Picard, 2009).

21 « Antisémitisme », *Wikipédia* (consulté le 10 septembre 2015).

22 Pieter Van Der Horst, *Philo's Flaccus: The First Pogrom. Introduction, Translation and Commentary*, Brill, 2003.

Antisémitisme chrétien au Moyen Âge

Dans la péninsule ibérique, suite à la conversion au catholicisme des rois wisigoths (589), les Juifs sont victimes de persécutions auxquelles met fin la conquête musulmane (711). La première croisade (1096) s'accompagne de massacres en Rhénanie et sur le Danube. Ces violences antijuives se répètent à chaque grande prédication de croisade. Au XIIIe siècle apparaît la légende du Juif errant, témoin de la passion du Christ[23]. À cette époque, on reproche aux Juifs leur refus de se convertir au catholicisme, mais aussi de faire partie d'un « peuple déicide ». Cela entraînera les pires violences.

Le concile de Latran, en 1215, contraint les Juifs à porter un signe distinctif visible, la rouelle, un morceau d'étoffe jaune. On veut éviter la cohabitation et les mariages mixtes. C'est ainsi que naîtront les premiers ghettos. Les Juifs seront aussi à l'occasion jetés au bûcher. Au milieu du XIIIe siècle, saint Louis, roi de France, encouragé par le pape Innocent IV qui lui adresse une lettre sur la « perfide impiété des Juifs », ordonne de faire brûler tous les exemplaires du Talmud dont les autorités pourront se saisir. Un nombre important de Juifs de France, rassemblés autour du rabbin Yehiel de Paris, émigreront à cette époque vers ce qui n'a jamais cessé d'être leur terre ancestrale, la Palestine.

Au Moyen Âge, de nombreux métiers sont interdits aux Juifs : ils sont exclus de toute fonction administrative, mais aussi et surtout des corporations et métiers. Il leur est interdit de posséder des terres et de les cultiver. Ils ne peuvent dès lors que vivre en ville et y exercer les métiers interdits aux chrétiens.

23 Roland Baumann, « Histoire du peuple juif (2e partie) – Les Juifs du Moyen Âge », publié sur www.cclj.be le 10 mai 2005.

Pour beaucoup d'entre eux, cela équivaut à être condamné à une vie de pauvreté. Quelques-uns pourtant trouvent à s'orienter vers le commerce et le prêt à intérêt. Ainsi, le Juif devient progressivement l'« usurier » et toute personne vivant dans la misère ou la précarité pourra, sa vie durant, l'associer à son malheur et y voir la cause de sa ruine en même temps que l'incarnation du péché.

Entre 1348 et 1350, la propagation de la peste noire est imputée aux Juifs et donne lieu à de nouvelles violences contre leur communauté. On assiste, dans ces circonstances, à une forme de « génocide[24] » à l'égard d'une communauté : tous les Juifs de Strasbourg sont exécutés[25]. Lors des persécutions menées durant ces périodes, les populations accusent les Juifs d'avoir empoisonné les puits et autres points d'eau. Elles les massacrent, pensant ainsi se protéger[26].

Point d'orgue d'une vague de massacres qui déferle sur l'Espagne dès la fin du XIVe siècle, les Juifs de Castille et d'Aragon sont définitivement bannis par les Rois catholiques, Ferdinand et Isabelle, peu après la prise de Grenade. En 1492, l'expulsion des Juifs est décrétée et met fin au foyer majeur du judaïsme médiéval. Les Juifs sont persécutés par l'Inquisition, tués ou obligés de se convertir. Certains convertis deviennent des marranes, c'est-à-dire des juifs convertis de force au christianisme qui continuent à pratiquer leur religion en secret. D'autres se réfugient d'abord au Portugal pour s'échapper ensuite vers la Hollande.

24 Le terme n'existe évidemment pas encore.

25 La Shoah et le processus génocidaire – Chapitre II de l'histoire de la Shoah (Yad Vashem 2008 –CR. A. VDS) publié sur www.alanco.be.

26 « Pourquoi les Juifs étaient-ils persécutés au Moyen Âge ? », publié sur http://www.futura-sciences.com le 11 mai 2014.

En 1515, à Venise, les Juifs encore présents sont tenus d'habiter dans des quartiers délimités. C'est de là que provient le mot « ghetto[27] », un ancien mot du dialecte vénitien qui signifierait « fonderie », du nom du quartier de Venise où les Juifs sont assignés à résidence.

Au début du XVIe siècle, on peut considérer que les Juifs ont, du fait de ces expulsions, de ces conversions forcées et de ces massacres, presque disparu d'Europe occidentale. Ceux qui restent se cachent et se réfugient dans la clandestinité totale du cryptojudaïsme. Certains d'entre eux referont surface un peu plus tard aux Pays-Bas.

Les Juifs expulsés, quant à eux, marchent vers l'est de l'Europe, notamment vers la Pologne, l'Ukraine et la Lituanie, où ils connaîtront une période de tranquillité et de prospérité relative durant deux siècles[28].

Pendant le Moyen Âge et malgré les périodes difficiles, les Juifs contribuent à la construction de la société européenne et donnent de nombreux savants, traducteurs et importateurs des textes anciens. Au concile de Trente, au XVIe siècle, l'Église catholique romaine remet en question l'accusation de déicide à l'encontre du peuple juif[29].

27 Voir le lexique.

28 La Shoah et le processus génocidaire – Chapitre II de l'histoire de la Shoah (Yad Vashem 2008 – CR. A. VDS) publié sur www.alanco.be.

29 Fabrice Hadjadj, *Et les violents s'en emparent. Coups de grâce*, L'Âge d'homme, 1999. « Et il faut le reconnaître, notre crime à nous dans ce cas est plus grand que celui des Juifs. Car eux, au témoignage de l'Apôtre (*Cor.*, 2, 8), s'ils avaient connu le Roi de gloire, ils ne L'auraient jamais crucifié. Nous, au contraire, nous faisons profession de Le connaître. Et lorsque nous Le renions par nos actes, nous portons en quelque sorte sur Lui nos mains déicides » (catéchisme du concile de Trente, première partie, chapitre 5, § 3).

De la citoyenneté pour les Juifs d'Europe aux nouvelles vagues d'antisémitisme

Au XVIIe siècle (1648-1660), l'on assiste à une révolte populaire en Ukraine : plus de la moitié des Juifs sont tués. Ce crime de masse fait apparaître pour la seconde fois l'idée d'une élimination systématique. Pendant que les massacres sévissent à l'Est, les idées d'ouverture circulent à l'Ouest.

Au XVIIIe siècle, la Révolution française permet aux Juifs d'accéder à la citoyenneté. L'idée qu'ils sont des citoyens comme les autres est intégrée aux idées révolutionnaires françaises. On y parle d'émancipation ou encore d'égalité des droits.

La période qui va de 1789 à 1870 voit se poursuivre ce processus d'indépendance des communautés juives, leur développement et leur prospérité au sein des États européens comme lors de la naissance de la jeune Nation belge (1830), l'émancipation des Juifs est considérée comme acquise[30].

En 1870, pourtant, une nouvelle vague d'antisémitisme s'étend et s'organise en Europe et les Juifs sont une nouvelle fois les boucs émissaires désignés tant pour des raisons économiques qu'idéologiques. Le mot « antisémitisme » lui-même fait son apparition en Allemagne en 1879 sous la plume de Wilhem Marr, un journaliste passé successivement par le socialisme, l'anarchisme et le nationalisme.

Aux États-Unis, l'antisémitisme réapparaît aussi. Il se traduit de manière plus policée. On peut évoquer, par exemple, l'incident Seligman (1877). Joseph Seligman, un citoyen américain juif, se présente avec sa famille dans un bel hôtel de la banlieue de New York

30 La Shoah et le processus génocidaire – Chapitre II de l'histoire e la Shoah (Yad Vashem 2008 – CR. A. VDS) publié sur www.alanco.be.

auquel l'accès lui est refusé. L'incident donnera lieu à de nombreuses manifestations et contre-manifestations. Il n'est pas rare que certains lieux exclusifs de la société américaine se réclament de manière plus ou moins ouverte comme « interdits aux Juifs ». L'antisémitisme revêt ici les oripeaux de la ségrégation et de l'exclusion.

En France, l'affaire Dreyfus éclate en 1894. Un officier juif de l'armée française est condamné au bagne et à la dégradation militaire sur base d'une accusation d'espionnage et de trahison montée de toutes pièces à l'occasion d'un procès vide mené au terme d'une campagne de dénigrement des Juifs. « L'affaire » divisera la France pendant plusieurs années et donnera lieu à un véritable déchaînement de la parole antisémite. L'article « J'accuse » d'Émile Zola publié en 1898 démontre de manière irréfutable le manque de preuves et que l'accusation repose essentiellement sur un faux. L'affaire ne trouvera son issue qu'en 1906[31]. Malgré sa réhabilitation judiciaire, il sera à nouveau victime d'un attentat en 1908, dont l'auteur sera acquitté par la justice française. Ce qui donnera lieu à de nouvelles émeutes antisémites[32].

Pendant ce temps, à l'Est, les pogroms se succèdent : 1881-1882, 1903-1906, 1918-1921. C'est entre 1903 et 1905 que paraissent, en Russie également, *Les Protocoles des Sages de Sion*, ce célèbre document forgé par un agent de la police secrète du Tsar pour accréditer l'idée d'un complot juif mondial[33]. Ces pogroms menés en Russie ont des réper-

31 La Shoah et le processus génocidaire – Chapitre II de l'histoire de la Shoah (Yad Vashem 2008 – CR. A. VDS) publié sur www.alanco.be.

32 Michel Drouin, *Zola au Panthéon. La quatrième affaire Dreyfus*, Librairie académique Perrin, 2008, p. 287.

33 Il s'agit en fait d'un plagiat d'un texte satirique français datant de 1864, *Dialogue aux enfers entre Machiavel et Montesquieu* de Maurice Joly, dans lequel il n'est pas du tout question des Juifs. *Les Protocoles* circulent encore aujourd'hui dans certains milieux extrémistes, islamistes ou complotistes, qui les présentent comme authentiques.

cussions jusqu'en Grande-Bretagne, ou l'afflux des réfugiés juifs finit par provoquer des émeutes antisémites à Londres. Elles restent isolées et sont efficacement réprimées par la police.

L'antisémitisme est la cause de l'émigration des Juifs d'Europe centrale et orientale vers les États-Unis et vers la Palestine. Il faut rappeler, bien sûr, qu'il existe une grande différence entre l'antisémitisme tel qu'il s'exprime en Europe occidentale et celui que l'on rencontre en Europe orientale. Léon Poliakov[34] explique qu'avant même les persécutions et les expulsions, le nombre de Juifs en Allemagne (et *a fortiori* en France, en Espagne ou en Italie) est relativement modeste (se comptant en milliers) ; les Juifs y jouent un rôle de bouc émissaire sans être perçus comme une véritable menace économique. En revanche, en Pologne, en Ukraine et en Russie occidentale, leur nombre est considérable (se comptant en centaines de milliers, puis en millions) ; leurs voisins s'estiment ainsi parfois pénalisés par cette situation, ce qui décuple la rancœur, et donc la haine et la violence.

La montée du nazisme : une présence juive européenne à nouveau menacée

C'est pourtant en Allemagne que, dans les années 1920 d'abord, puis de manière plus menaçante dans les années 1930, monte la vague la plus terrible de violence antisémite du XXe siècle. Contrairement à ce qu'on peut parfois entendre à ce sujet, les Juifs allemands se montrent très actifs pour lutter contre le pouvoir nazi et l'antisémitisme. Outre les intellectuels et les artistes,

34 Contexte basé sur *Wikipédia*. Léon Poliakov, « Une animosité haineuse envers les juifs que depuis 1880 on appelle antisémitisme », *in La causalité diabolique*, Calman-Lévy, 1985 [1980].

l'ensemble des Juifs déploie de nombreux efforts. Mais ils ne sont que 600 000 contre 60 millions d'Allemands. En 1933, ils sont totalement à la merci du nouveau pouvoir[35].

En 1933, la population juive d'Europe s'élève à environ 9 millions et demi de personnes, soit 60 % de la population juive mondiale. La majorité des Juifs européens habitent en Europe orientale. Les plus importantes communautés juives de cette région sont celles de Pologne (environ 3 millions de personnes), de la partie européenne de l'Union soviétique (plus de 2,5 millions de personnes), de Roumanie (presque 1 million de personnes) et des trois États baltes (plus de 250 000 personnes, dont 95 000 en Lettonie, 155 000 en Lituanie et 5 000 en Estonie).

En Europe centrale, la communauté juive la plus importante est celle d'Allemagne (environ un demi-million de personnes), suivie par la Hongrie (450 000 personnes), la Tchécoslovaquie (près de 360 000 personnes) et l'Autriche (250 000 personnes). En Europe occidentale, les communautés juives les plus nombreuses sont celles de Grande-Bretagne (300 000 personnes), de France (300 000 personnes également) et des Pays-Bas (160 000 personnes).

En Europe du Sud, c'est la Grèce qui a la population juive la plus nombreuse, avec environ 73 000 personnes[36].

La Belgique compte entre 60 et 65 000 Juifs.

35 La Shoah et le processus génocidaire – Chapitre II de l'histoire de la Shoah (Yad Vashem 2008 – CR. A. VDS) publié sur www.alanco.be.

36 Il y a également des communautés juives importantes en Yougoslavie (70 000 personnes), en Italie (48 000 personnes) et en Bulgarie (50 000 personnes).

En 1945, il reste moins de 4 millions de Juifs dans toute l'Europe

L'antisémitisme n'est certes pas mort à Auschwitz, comme le prouve sa résurgence lors de l'immédiat après-guerre dans différents pays d'Europe, à l'Ouest comme à l'Est. Toutefois, après la Shoah et la création en 1948 de l'État d'Israël, les communautés juives du monde occidental se sentent « protégées » pendant plusieurs décennies par la Mémoire et par leur histoire. Dans cette Europe endolorie et culpabilisée par une tragédie à nulle autre pareille, l'antisémitisme est devenu synonyme de honte. Il n'est plus de bon ton...

Jusque dans les années 1980, le slogan « Plus jamais ça ! » est de rigueur. Pourtant, peu à peu, des mots et des images jusque-là bannis resurgissent, à droite comme à gauche.

Pour Hannah Arendt[37], pendant les cent ans qui ont précédé la Shoah, l'antisémitisme s'est lentement et progressivement infiltré dans presque toutes les couches sociales de quasiment tous les pays d'Europe, jusqu'au jour où il est devenu brusquement la seule question susceptible de créer une quasi-unanimité dans l'opinion.

Malheureusement, au XXIe siècle, on peut sans doute reporter la même analyse sur certaines formes d'antisémitisme, en particulier sur celles liées à la détestation d'Israël.

37 Hannah Arendt, *Les Origines du totalitarisme*, tome I – *Sur l'antisémitisme*, *op. cit.*

2.
Mensonges et préjugés : où en sommes-nous ?

En 2013, la population juive européenne est estimée à environ 1,5 million de personnes[38], soit une dizaine de pourcents de la population juive mondiale. Ce nombre est stable depuis plusieurs années[39]. Les Juifs représentent 0,2 % de la population européenne. Les plus grandes communautés juives européennes vivent aujourd'hui en France (470 000 personnes), au Royaume-Uni (un peu plus de 250 000 personnes) et en Russie (un peu moins de 200 000 personnes).

Aujourd'hui, les Juifs quittent à nouveau l'Europe. Dans de nombreux pays, la peur s'installe, l'antisémitisme est une réalité.

Il frappe même les pays européens où les Juifs sont les moins nombreux. En Norvège, il y avait 2 100 Juifs avant 1940. 742 furent assassinés pendant la Shoah et, aujourd'hui, à peine un

38 Le total dépasse légèrement 2 millions si on rajoute la Russie, l'Ukraine, la Biélorussie…

39 Une étude de 2012 menée par le professeur Sergio Della Pergola, spécialiste de la démographie juive à l'Université hébraïque de Jérusalem, estime que la population juive dans le monde s'élève alors à 13,75 millions de personnes.

millier de Juifs vivent encore dans le pays. Ils traversent un climat d'hostilité bien présent et qui émane tant des milieux intellectuels que des médias. Un éditorial de 2013 dans un journal norvégien[40] mentionne de récents sondages qui pointent l'augmentation de l'antisémitisme dans ce pays. L'enquête menée en 2012 par le Centre d'études de l'Holocauste et des minorités religieuses et remise à la ministre en charge de l'inclusion sociale, Inge Marthe Thorkildsen, révèle que 26 % des Norvégiens croient que « les Juifs se considèrent comme supérieurs aux autres ». La même proportion estime que les Juifs instrumentalisent la mémoire de l'Holocauste pour en tirer des avantages. 12 % pensent que les Juifs sont responsables de leur propre persécution. Environ 10 % n'aimeraient pas avoir un Juif comme voisin ou dans son cercle d'amis. Il faut noter que la Norvège figure parmi ces quelques pays où la haine et les crimes à l'encontre les Juifs ne sont pas répertoriés[41]. Pourtant, les Juifs norvégiens reçoivent eux aussi des lettres de menaces, des cocktails Molotov sont lancés sur les synagogues et des croix gammées sont dessinées sur les immeubles. Beaucoup de Norvégiens ne semblent pas conscients du problème qui est rarement abordé dans les médias.

En Grande-Bretagne, il y avait 340 000 Juifs en 1990 ; aujourd'hui, ils ne sont plus que 260 000. Selon un rapport interparlementaire et une enquête menée à l'initiative du député John Mann[42], si, sur le continent Européen, la situation semble plus inquiétante, l'antisémitisme tant physique que verbal a aussi augmenté au Royaume-Uni. Le conflit

40 Éditorial intitulé « Kamuflert jødehat » (« Antisémitisme camouflé ») paru dans *Dagen.no* le 8 octobre 2013. Il se penche sur l'antisémitisme en Norvège.

41 Étude des réactions à l'antisémitisme en Norvège par McGonagall, intitulée "Norway, Israel and the Jews".

42 "Report of the All-Party Parliamentary Inquiry into Antisemitism", disponible sur www.antisemitism.org.uk.

israélo-arabe y affecte clairement la sensation de sécurité de Juifs quoi qu'à des degrés divers. Près de 80 % des répondants ont dit qu'ils se sont sentis blâmés par les non-Juifs, au moins occasionnellement, pour les actions du Gouvernement israélien, purement sur base de leur judéité. Dès lors, ils sont également nombreux à penser n'avoir aucun avenir à long terme dans leur pays suite au regain d'antisémitisme ces deux dernières années.

En France, plus de 7 000 Juifs ont émigré en Israël en 2014. C'est le double de l'année précédente. D'autres pensent quitter le pays. L'émigration des Français en Israël dépasse désormais celle des Américains, des Russes ou des Ukrainiens[43]. Après les attentats de janvier 2015 à *Charlie Hebdo* et à l'Hyper Cacher, plus de 3 000 personnes se sont inscrites à l'Agence juive pour assister à une soirée d'information sur un départ possible vers Israël.

Le même monstre avec d'autres visages

Aujourd'hui, l'antisémitisme européen redevient violent. Si l'extrême droite est toujours active, elle est moins directement menaçante. L'expression chrétienne existe toujours, mais ne tue plus. Aujourd'hui, ce qui tue vient sans aucun doute des milieux islamistes. La haine des Juifs est aussi trop souvent présente chez les musulmans en général, mêlée à la haine d'Israël dont elle se distingue difficilement dans cette population en particulier (on entendra souvent dans une famille musulmane utiliser le terme « les Juifs » quand il s'agit d'évoquer Israël). Enfin, les milieux d'extrême gauche et certains néo-bobos-humanistes et altermondialistes à la bonne conscience

43 Cyrille Louis, « La France, premier pays d'émigration vers Israël en 2014 », publié sur Lefigaro.fr le 6 septembre 2014.

sont aussi des vecteurs fréquents de cette idéologie de la haine. L'Europe a à nouveau un problème avec ce « passé qui ne passe pas[44] ».

« À l'exception de mouvements comme Aube dorée en Grèce ou Jobbik en Hongrie, le foyer incandescent du néo-antisémitisme ne vient plus essentiellement de la droite radicale, mais des formes contemporaines et radicalisées de l'anti-israélisme », explique Robert Wistrich[45].

Il identifie plusieurs éléments des mutations de l'antisémitisme européen[46]. Néanmoins, pour lui, il y a également des traits nationaux distincts qu'il a analysés pays par pays. La situation d'aujourd'hui se caractérise surtout par une mondialisation de l'antisémitisme à travers les médias, les réseaux sociaux et la télévision par satellite.

La résurgence de l'antisémitisme est une passion ancienne qui ne cesse de changer de forme. « Ce qui se rejoue sous nos yeux, écrit-il après les événements du Musée juif, c'est la recombinaison d'éléments anciens, qui appartiennent à une très ancienne obsession. Les attentats qui nous ont tant horrifiés relèvent de la logique du djihad, mais cette dernière logique ne donne pas tous ses traits à l'antisémitisme actuel ».

Selon lui, cet antisémitisme rassemble des traits venant de l'extrême droite nationaliste, de l'extrême gauche anticapitaliste,

44 Éric Conan et Henry Rousso, *Vichy, un passé qui ne passe pas*, Fayard, 1994.

45 Alexis Lacroix, « Robert Wistrich : "L'Europe face à la renaissance de l'antisémitisme" », publié sur Lepoint.fr le 18 juillet 2014. Le professeur Robert Solomon Wistrich était un spécialiste de l'antisémitisme. Basé à l'Université hébraïque de Jérusalem, il dirigeait le Centre international d'études de l'antisémitisme Vidal Sassoon.

46 "European Anti-Semitism reinvents itself. A Ghost Returns", *in The American Jewish Committee*, 2005.

avec des éléments issus de la judéophobie chrétienne traditionnelle. La caractéristique du néo-antisémitisme, toutefois, est de reprendre à son compte tous ces traits en les associant à une focalisation obsessionnelle sur Israël[47].

Dans un article paru dans le *Jerusalem Post* en mai 2015, peu de temps avant sa mort, Robert Wistrich liste de manière particulièrement claire les différents éléments constitutifs de l'antisémitisme actuel. Il pointe d'abord l'immigration musulmane en Europe qui a importé son obsession stigmatisante d'Israël et l'antisémitisme si particulier qui l'accompagne. « L'antisionisme – bien que, nous en reparlerons, ne s'identifie pas toujours complètement avec l'antisémitisme – des musulmans et de la gauche radicale rejette le droit aux Juifs de disposer d'un État et utilise les clichés antisémites classiques des Juifs sanguinaires, conspirateurs et avides d'argent. Cet antisémitisme emprunte aussi les mythes chrétiens traditionnels et éculés des Juifs déicides et cruels. » Ensuite, Wistrich explique que la mémoire de la Shoah n'est d'aucune aide dans la lutte contre l'antisémitisme : la haine d'Israël est de fait devenue le nouvel antisémitisme[48].

« L'antisémitisme moderne, explique-t--il, est enraciné dans une nouvelle religion civile dont il est le produit. On pourrait l'appeler le "palestinisme". Le récit officiel palestinien n'est pas seulement le projet d'une libération nationale. Il cherche aussi à supplanter Israël au profit d'une Palestine sans Juifs, de la Méditerranée au Jourdain. Dans le cas du Hamas, cette intention est explicite. Avec le Fatah, elle est en partie voilée pour des raisons tactiques. C'est sans doute

47 Alexis Lacroix, « Robert Wistrich : "L'Europe face à la renaissance de l'antisémitisme" », *op. cit.*

48 « Le dernier article de Robert Wistrich : le "palestinisme" est à la racine de l'antisémitisme moderne », publié sur Jforum.fr le 26 mai 2015.

pour cette raison que dans le cadre de l'idéologie palestinienne et dans les discours des millions de personnes qui la soutiennent, pratiquement toutes les actions de défense d'Israël sont instantanément classées comme des crimes, voire comme un "génocide". Ces actions sont immédiatement diabolisées et mises en lien avec une sinistre conspiration impérialiste juive. Comment s'étonner, dès lors, que les manifestations pro-palestiniennes, par exemple, lors de l'été 2014, aient souvent été accompagnées de slogans comme "mort aux Juifs" ou d'incidents à connotations antisémites[49] ? »

Pour le Dr Manfred Gerstenfeld[50], il existe plusieurs formes de haine des Juifs qui se retrouvent dans tous les milieux, qu'il s'agisse de la politique, des médias, de l'élite culturelle, du clergé, des écoliers et de leurs enseignants, des personnes moins instruites. On retrouve l'antisémitisme contemporain de l'extrême droite à la gauche libérale, en passant bien sûr par les populations arabes d'Europe et les milieux islamistes. Les médias modernes, comme la télévision et Internet, diffusent aussi des paroles ou des écrits antisémites ainsi que des films et même des dessins animés qui contribuent à la mondialisation de la haine des Juifs. Il y a globalement plus de 3 000 sites Internet antisémites recensés, rappelle-t-il. Ces sites ne sont d'ailleurs qu'une partie du problème : un article paru récemment sur le site de l'ONG UN Watch[51] indique même que des propos antisémites caractérisés se retrouvent sur les pages Facebook de plusieurs membres du personnel de l'UNRWA, l'agence des Nations unies en charge du soutien aux populations palestiniennes.

49 « Le dernier article de Robert Wistrich : le "palestinisme" est à la racine de l'antisémitisme moderne », *op. cit.*

50 Auteur de nombreux livres et articles sur l'antisémitisme.

51 "Report: 12 UNRWA-linked Facebook Accounts Incite Antisemitism & Violence", publié sur www.blog.unwatch.org le 1er septembre 2015.

C'est dans ce climat délétère que Frans Timmermans, premier vice-président de la Commission européenne, lance une mise en garde en janvier 2015 contre le départ des Juifs d'Europe en raison de la vague d'antisémitisme. Il fait part des craintes des communautés juives, estimant que c'est « un énorme défi pour les fondements mêmes de l'intégration européenne. Dans certains pays, la majorité des membres de la communauté ne sont plus certains de leur avenir en Europe », déclare-t-il.

Lors du colloque organisé par la Commission Européenne sur les droits fondamentaux, les 1er et 2 octobre 2015, intitulée « Tolérance et respect : prévenir et combattre l'antisémitisme et la haine anti-musulman », et suite aux nombreux efforts du Congrès juif européen, Frans Timmermans a annoncé la nomination de deux coordinateurs placés sous son autorité directe, l'un chargé de la lutte contre l'antisémitisme et l'autre de la lutte contre le racisme anti-musulman. Le commissaire a déclaré : « La société européenne traverse une période de turbulences et de crise qui met à l'épreuve les valeurs mêmes sur lesquelles est fondée notre Union. »

Des sondages qui inquiètent

Est-il possible d'objectiver les raisons de ces craintes ? Que peut-on dire, précisément, de l'image qu'ont les Européens de leurs concitoyens juifs ?

Différents sondages ont été réalisés à ce sujet. Les résultats sont à chaque fois troublants et font apparaître que de plus en plus d'Européens pensent que les Juifs sont plus loyaux envers Israël qu'envers leur propre pays, qu'ils ont trop d'influence dans le monde de la finance ou encore qu'ils parlent trop de l'Holocauste.

« De nombreux Européens continuent à être contaminés par des attitudes antisémites et à s'en tenir à des préjugés et à des théories du complot », déclarait Abraham Foxman, directeur de l'ADL[52] suite à différents sondages dans une dizaine de pays européens. Ceux-ci révèlent systématiquement une augmentation des attitudes négatives envers les Juifs. Plus surprenant, dans de nombreux pays, les sondés continuaient à accuser les Juifs de la mort de Jésus.

Peut-on mesurer globalement l'antisémitisme ?

En 2014, suite aux violences à l'encontre des Juifs en Europe, ADL a sondé 102[53] pays lors d'une enquête originale à l'échelle mondiale sur l'antisémitisme, l'« ADL Global 100 Index ». Des chercheurs ont développé 11 questions[54] permettant de tester les stéréotypes antisémites à travers un outil analytique. Si une personne sondée répond positivement (« probablement vrai ») à au moins six stéréotypes, elle est considérée comme ayant une attitude antisémite.

52 Anti-Defamation League.

53 Au total, 53 100 personnes âgées de 18 ans et plus ont été interviewées dans 101 pays et les territoires palestiniens (Cisjordanie et Gaza).

54 Les 11 questions sont : 1. Les Juifs sont-ils plus loyaux envers Israël qu'envers le pays où ils vivent ? 2. Les Juifs contrôlent-ils les marchés financiers internationaux ? 3. Les Juifs ont-ils trop d'influence sur les affaires mondiales ? 4. Les Juifs pensent-ils qu'ils sont mieux que les autres ? 5. Les Juifs ont-ils trop de pouvoir dans les médias ? 6. Les Juifs sont-ils responsables de la plupart des guerres dans le monde ? 7. Les Juifs ont-ils trop de pouvoir dans le monde des affaires ? 8. Les Juifs ne se soucient-ils que d'eux-mêmes ? 9. Les gens détestent-ils les Juifs en raison de la façon dont les Juifs se comportent ? 10. Les Juifs ont-ils trop d'influence sur le gouvernement des États-Unis ? 11. Les Juifs parlent-ils trop de ce qui leur est arrivé pendant l'Holocauste ?

L'enquête a révélé que ces attitudes sont persistantes et omniprésentes. Au niveau mondial, plus d'un quart des adultes est infecté. Ce chiffre représente plus d'un milliard de personnes dans le monde.

Au niveau planétaire toujours, deux personnes interrogées sur trois n'ont jamais entendu parler de l'Holocauste ou ne croient pas à la véracité des faits. Les stéréotypes antisémites les plus largement admis dans cinq des sept régions étudiées restent les mêmes que ceux cités plus haut, mais ce qui est étonnant, c'est que les trois quarts des personnes interrogées ont indiqué n'avoir jamais rencontré une personne juive !

La réaction ferme des autorités rend la violence antisémite moins acceptable

Après les récents assassinats de Juifs en Belgique et en France et les attaques contre des synagogues en Allemagne, ADL a décidé d'examiner l'évolution des attitudes antisémites dans ces pays. Les résultats indiquent qu'une sensibilisation au rejet des violences contre les Juifs favorise un sentiment de solidarité et qu'une condamnation ferme de la part des dirigeants politiques ou de la société civile rend l'expression de l'antisémitisme moins acceptable.

En France, en Allemagne et en Belgique, une grande majorité a exprimé sa solidarité auprès des Juifs victimes de violence. La Grèce, par contre, continue de montrer des niveaux d'antisémitisme nettement plus élevés que tous les autres pays européens, vu que plus des deux tiers de la population grecque nourrit des attitudes de ce type.

Pour la première fois, le sondage ADL a aussi mesuré les attitudes des musulmans en Belgique, en France, en Allemagne, en Italie, en Espagne et au Royaume-Uni. En moyenne, 55 % des musulmans d'Europe occidentale expriment et nourrissent des attitudes antisémites. Les résultats pointent un taux sensiblement plus élevé que dans la moyenne nationale de chacun de ces pays, mais bien inférieur aux taux chez les musulmans du Moyen-Orient et d'Afrique du Nord, qui atteint 75 %.

Les stéréotypes les plus répandus sont toujours les mêmes : en France, la moitié des musulmans exprime des attitudes antisémites contre 17 % dans l'ensemble de la population. En Belgique, 68 % contre 21 %.

Expériences et perceptions de cet antisémitisme

L'Agence des droits fondamentaux (FRA) de l'Union européenne a aussi mené une enquête[55] en 2013 auprès de 6 000 personnes juives résidant dans les huit pays où se concentrent 90 % de la population juive européenne – la France, l'Allemagne, la Belgique, la Hongrie, la Lettonie, l'Italie, l'Angleterre et la Suède. Pour la première fois, des données comparables sur les expériences et les perceptions de l'antisémitisme, des crimes de haine et de la discrimination par les personnes juives sont recueillies.

Les résultats de l'enquête sont effarants. Deux tiers des répondants considèrent que l'antisémitisme est un problème dans les États concernés par l'enquête. Pour la Belgique, ce chiffre est de 77 %. Trois quarts des répondants indiquent que l'antisémitisme s'est aggravé au cours des cinq dernières années

55 "Discrimination and hate crime against Jews in EU Member States: experiences and perceptions of antisemitism". Le rapport de cette enquête, réalisée en ligne en septembre et octobre 2012, est disponible sur le site http://fra.europe.eu.

dans le pays où ils vivent. En Belgique, la moyenne est de 87 % ! Parallèlement, de 64 % à 82% des personnes ayant subi une agression physique ou ayant été la cible de menaces de violence n'a pas signalé l'incident le plus grave à la police ou à une autre organisation.

Quand l'inquiétude se mue en peur

Plus d'un quart des répondants, soit 27 % (et 42 % pour la Belgique), évitent certains lieux dans leur quartier, au moins occasionnellement, parce qu'ils ne s'y sentent pas en sécurité en tant que Juifs, que ce soit pendant le trajet ou sur place. En moyenne, 46 % ont peur d'être insultés verbalement ou harcelés parce qu'ils sont Juifs ; en Belgique, cela monte à 63 % ! Les Juifs allemands vivraient également dans la peur : deux tiers d'entre eux ont affirmé ne jamais porter la kippa en public par crainte d'une agression. Et ils sont nombreux à penser partir.

De nombreux Juifs européens se plaignent également de l'influence négative du conflit israélo-palestinien sur leur quotidien.

Internet : terrain de jeu pour les antisémites en Europe

Dans l'ensemble, 75 % des répondants (85 % en Belgique) considèrent que l'antisémitisme sur Internet est un problème. Ces résultats soulèvent d'autres questions, à savoir comment protéger efficacement les droits fondamentaux sur Internet, tout en accordant l'attention qu'il convient à la liberté d'expression. Selon la FRA, afin que les discriminations et les crimes de haine soient traités de façon systématique et coordonnée, l'Union européenne et ses États membres devraient veiller à ce que les mesures de lutte contre l'antisémitisme soient intégrées dans les stratégies et les plans d'action nationaux, notamment dans les domaines qui concernent les droits de l'homme, l'égalité, la prévention de la criminalité et la prévention des violences.

Aujourd'hui, les Juifs quittent à nouveau l'Europe car ils ont l'impression de ne plus pouvoir projeter leur avenir ou celui de leurs enfants dans le pays où ils vivent, la plupart du temps depuis plusieurs générations. Ce sentiment, partagé dans de nombreux pays, existe aussi en Belgique.

Résister à une idéologie, me disait une amie, c'est possible en démocratie. Mais résister à la haine des antisémites de plus en plus nombreux, qui peut le faire ? Et comment ? La partie est-elle perdue ? Quelles sont les réponses à donner à ceux qui disent « je ne suis pas antisémite, mais… » ?

PARTIE 2.
Les propagateurs de la haine

3.
2000-2012 : de la haine d'Israël au meurtre des Juifs

La meilleure façon de combattre un ennemi aussi puissant que la haine antisémite est de prendre le temps de le connaître. Nous nous attacherons donc dans les pages qui suivent à tenter de mieux comprendre la montée récente de l'antisémitisme dans notre pays. Comment s'est-elle produite ? Jusqu'à quel point concerne-t-elle nos concitoyens musulmans ? Et, enfin, qui sont les « porteurs d'eau » qui l'alimentent réellement ? Commençons donc par un retour sur 15 ans d'histoire.

À partir du début des années 2000, les réactions à la deuxième Intifada conduisent dans notre pays à un déchaînement de plus en plus incontrôlé de la violence verbale contre les Juifs. Cette violence est d'ailleurs exacerbée par les récits complotistes autour des attentats du 11 septembre 2001 qui pointent une fois de plus une soi-disant manipulation ourdie par « les Juifs ». De tels bobards, aussi énormes qu'ils puissent être, circulent hélas à Bruxelles presque aussi efficacement qu'à Karachi ou à Khartoum.

Il ne faut malheureusement pas longtemps pour que cette violence verbale se mue à l'occasion, puis de plus en plus régulièrement, en appels aux meurtres et à la violence physique. Cette tendance s'accélère après l'opération « Plomb durci » de 2008, jusqu'à culminer avec les attentats de 2012 à Toulouse et 2014 à Bruxelles.

Il convient de commencer par chercher à comprendre vraiment à quel type d'idéologie correspond le vocable « antisioniste » qui sert de mot de ralliement à tous ceux qui ont fait de la détestation d'Israël une question de principe.

Qu'est-ce que l'antisionisme ?

Lors de conférences, un argument revient souvent, comme s'il n'allait pas de soi. C'est celui selon lequel l'antisionisme ne serait pas à confondre avec l'antisémitisme. C'est une tautologie et sa répétition si fréquente par certains militants de la cause palestinienne cache forcément quelque chose. Si l'antisionisme et l'antisémitisme sont deux choses différentes, ce dont personne ne doute, alors pourquoi faut-il le répéter si souvent ? Prenons le temps de mieux comprendre de quoi on parle quand on utilise ce terme…

L'antisionisme ne se résume donc en aucun cas à la critique des politiques menées par les gouvernements successifs d'Israël. Prétendre le contraire reviendrait à affirmer que la plupart des Israéliens sont « antisionistes » eux-mêmes. J'ai en effet beau fouiller dans mes archives, je ne retrouve aucune trace d'une voix juive ou israélienne sérieuse (en dehors de l'un ou l'autre groupe extrémiste comme il en existe partout) qui ait jamais prétendu délégitimer la critique du gouvernement ou de l'armée d'Israël. Bien au contraire, dans peu de pays, ce type de critique est poussé au même point qu'en Israël.

Pendant les guerres du Liban, certains jours, ce sont pas moins d'un demi-million de citoyens israéliens qui se sont rassemblés dans les rues pour protester contre les options militaires prises par leur gouvernement. Aucune manifestation équivalente (on parle d'une manifestation qui rassemblerait, en protestation contre son propre gouvernement, près de 10 % de la population, toutes classes d'âge confondues) n'a jamais eu lieu à ma connaissance dans aucun autre pays de la région.

L'idée d'une communauté juive qui, en Belgique ou ailleurs dans le monde, ferait unanimement rempart pour protéger le gouvernement d'Israël de toute critique est également démentie par les faits. Il suffit de lire les articles publiés dans les revues et sur les sites Internet des principales organisations juives de notre pays pour s'en convaincre. Pas une semaine ne se passe sans que des critiques sévères envers le gouvernement en place, l'influence du rabbinat ou les exactions des colons ne soient exprimées par l'une ou l'autre organisation juive du pays. On voit donc bien que l'antisionisme ne s'identifie pas à une simple critique, fût-elle radicale, des options politiques ou militaires prises par le Gouvernement israélien.

Ce qui se manifeste derrière le vocable « antisionisme » va en fait bien plus loin que ce genre de critique objective. Tout d'abord, ce terme s'inscrit dans la famille des « anti », comme l'antiaméricanisme ou l'antisoviétisme. On remarquera au passage que ce type de vocable est en général réservé à de très grandes puissances. Israël est la seule puissance moyenne et le seul pays de moins de 10 millions d'habitants à « bénéficier » d'un vocable spécifique de ce type : personne ne se réclame par exemple d'un quelconque antijaponisme ou d'un antisuissisme. Pour tout dire, même les meilleurs amis du Tibet ne penseraient pas à se réclamer d'un quelconque « antichinisme ».

Être antiaméricain ou antisoviétique, c'est porter son refus de la politique menée par les pays concernés au rang de principe politique et moral. C'est en quelque sorte généraliser son refus des positions prises ou des actions menées par un pays dans une situation particulière et rejeter par principe la totalité des politiques menées par ce pays. Comme on le voit, on entre déjà ici dans une sorte de zone grise qui se situe quelque part entre la prise de position politique rationnelle et la pétition de principe pure et simple identifiant un pays en tant que tel au mal, voire au mal absolu. Sans prétendre que de tels positionnements conduisent nécessairement au pire, il faut toutefois reconnaître qu'ils ne sont pas sans risque et on sait de quelle manière l'antisoviétisme a pu contribuer à faire basculer d'honnêtes gens du côté du nazisme dans les années 1930 et 1940 et de quelle manière, aujourd'hui, l'antiaméricanisme joue aussi un rôle dans la radicalisation de type djihadiste.

Pour être complet, il faut ajouter que le vocable « antisionisme » va encore un cran plus loin du fait de sa construction qui n'est pas basée uniquement sur le nom du pays, mais aussi sur celui du mouvement politique qui a conduit à la proclamation de son indépendance. Si on lit attentivement ce mot, se réclamer de l'« antisionisme » c'est, 67 ans plus tard, se réclamer d'un refus radical des événements qui ont conduit à la naissance de l'État d'Israël. C'est, si on va au fond des choses, refuser à Israël jusqu'au droit à l'existence.

Antisionisme et antisémitisme

L'antisionisme est-il bien distinct de l'antisémitisme ? La réponse est sans doute plus complexe qu'elle y paraît : antisionisme et antisémitisme sont bien des réalités à première vue distinctes, mais elles sont néanmoins inscrites dans une relation particulière. Pour comprendre ce dont il s'agit, la meilleure façon de faire est sans aucun doute de procéder par des images.

L'antisionisme est aussi distinct et différent de l'antisémitisme que la vague peut l'être par exemple de la planche de surf. Il ne viendrait à l'idée de personne de dire qu'une vague est la même chose qu'une planche de surf et il peut bien sûr exister des vagues qui ne portent pas de planche de surf. Mais dès qu'une planche de surf est mise en contact avec une vague un peu puissante, chacun sait qu'elle ira chercher sa force dans celle de la vague. On pourrait dire de la même façon que l'antisémitisme est aussi distinct de l'antisionisme que l'incendie peut l'être, par exemple, du vent qui l'attise. Oui, il peut y avoir du vent sans feu… mais que l'incendie se déclenche et l'effet du vent se fera ravageur.

Cette métaphore de la vague porteuse, c'est bien celle que nous suivrons tout au long de ce chapitre. Elle illustre particulièrement bien la manière dont l'histoire de l'antisémitisme s'est dessinée en Belgique au cours des 15 dernières années. De quelle manière les pulsations de l'antisémitisme dans notre pays se sont-elles toujours réglées sur le niveau de tension au Moyen-Orient ? Et qu'on le veuille ou non, l'antisionisme constitue bel et bien la courroie de transmission entre ces réalités pourtant très distinctes.

L'historien Joël Kotek (ULB)[56] explique que « le conflit israélo-palestinien [offre] à l'antisémitisme un champ d'interprétation permettant de crédibiliser les vieux systèmes d'accusation qui ont visé les Juifs durant des siècles, bref de réactualiser les

56 Joël Kotek, « Antisionisme et antisémitisme : divergences et convergences », *in Rapport sur l'antisémitisme en Belgique pour l'année 2013*, publié sur www.antisemitisme.be.

grandes constantes de l'histoire de la judéophobie que l'on pensait avoir disparu de l'espace public depuis la Shoah ». Le sociologue français Didier Lapeyronnie dresse le même constat : « la focalisation sur les événements du Proche-Orient vient du fait que les gens sont antisémites, pas l'inverse ».

Un document de travail de l'Agence européenne des droits fondamentaux (FRA) sur l'antisémitisme dans les États de l'Union européenne de 2001 à 2005 décrit « l'utilisation de l'antisionisme comme un moyen de contourner le tabou antisémite » tant à l'extrême gauche qu'à l'extrême droite. S'appuyant sur les travaux d'universitaires allemands, le rapport invoque la notion d'« antisémitisme secondaire[57] ». Selon ce concept, les Européens ressentent une culpabilité pathologique du fait de la Shoah et rejettent la faute du sentiment antisémite sur Israël dans l'espoir d'apaiser leur conscience. Jean-Christophe Ruffin, écrivain, médecin mais aussi président d'Action contre la faim, dans son rapport officiel sur l'antisémitisme (2004), lie tout autant l'antisionisme radical à l'antisémitisme : « Parmi toutes les formes, subtiles, d'antisémitisme par procuration, il en est une qui doit être particulièrement distinguée [car] dominante : c'est l'antisionisme radical. [...] Cet antisémitisme moderne est né au confluent des luttes anticoloniales, antimondialistes, antiracistes, tiers-mondistes et écologistes. Il est fortement représenté au sein d'une mouvance d'extrême gauche altermondialiste et verte[58]. »

Mais comment cette dérive se produit-elle dans les faits ?

57 "Anti-Semitism, Summary overview of the situation in the European Union 2001-2010", rapport disponible sur http://fra.europa.eu depuis juin 2011.

58 Joël Kotek, « Antisionisme et antisémitisme : divergences et convergences », *op. cit.*

Les enfants en première ligne

Depuis le début de la deuxième Intifada (septembre 2000), une cassure s'opère : l'empathie pour la mémoire de la Shoah diminue. En même temps, l'image du petit Mohamed Al-Dura, mourant dans les bras de son père, enclenche un discours qui montera en puissance : « Comment les victimes d'hier peuvent-elles devenir les bourreaux d'aujourd'hui ? » C'est dit ouvertement et ce sera répété sans limites dans les années qui suivent, créant un vrai mouvement qui deviendra le terreau fertile des antisémites.

Comment ne pas s'apercevoir qu'au-delà de son caractère outrancier, ce type de propos ne dresse rien moins qu'un lien d'équivalence pure et simple entre d'une part les soldats israéliens et d'autre part l'ensemble de la communauté juive, en ce compris d'ailleurs ses morts ?

Suis-je la seule à m'offusquer que l'on ose ainsi convoquer les victimes de la Shoah elles-mêmes devant une espèce de tribunal odieux, les pointer du doigt et leur crier « bande d'assassins » par-delà 70 ans d'histoire ? Cette forme de discours n'est rien moins, il faut oser le dire, que l'indécence la plus ignoble transformée en lieu commun.

Le procédé est à ce point dégoûtant qu'on se demande si la seule explication pour qu'il soit si aisément accepté chez nous (j'ai moi-même entendu ce genre de phrase de nombreuses fois sans avoir l'impression que cela ne déclenche une indignation massive) ne réside pas dans le fait qu'il permet à l'Europe de se débarrasser à bon compte du sentiment de culpabilité qui lui est resté de son histoire récente.

Et puisque le procédé fonctionne, pourquoi se priver de l'employer *ad nauseam* ? L'image associée à la deuxième Intifada, puis au conflit israélo-palestinien en général, sera celle d'enfants. La couverture faite par la presse des événements, jusqu'à aujourd'hui, renverra constamment l'image d'une guerre touchant principalement des enfants.

Aucun autre conflit dans le monde ne fait l'objet d'un traitement similaire. Pourtant, selon l'UNICEF, en 2014, 230 millions d'enfants ont été victimes de la guerre à travers le monde[59].

Dans un document d'UNICEF France daté de 2003[60] (paru peu de temps après la mort du petit Mohamed Al-Dura, donc), on lit ceci :

« Conséquences directes des guerres :

- deux millions d'enfants sont morts entre 1990 et 2000
- six millions d'enfants sont handicapés ou sérieusement blessés
- vingt-deux millions de personnes sont des réfugiés (50 % sont des enfants)
- 300 000 enfants sont enrôlés dans des armées
- 250 millions de mines antipersonnel sont disséminées dans plus de 100 pays
- des millions d'enfants sont traumatisés.

Durant la Première Guerre mondiale, le pourcentage de victimes civiles était de 5 à 10 % et de 90 à 95 % pour les militaires. Lors des conflits au Rwanda, au Cambodge ou au Liban[61], les pourcentages ont été inversés (90 % de victimes civiles et 10 % de militaires). »

59 « Ces 230 millions d'enfants victimes de la guerre », publié sur Parismatch.com le 8 décembre 2014.

60 Document de l'UNICEF intitulé « Les enfants et la guerre », publié sur le site www.itinerairesdecitoyennete.org en 2003.

61 Pour rappel, le « conflit au Liban » est essentiellement une guerre civile opposant des factions libanaises, certaines d'entre elles étant soutenues de l'extérieur notamment par la Syrie et l'Iran. Les interventions israéliennes n'en constituent que des épisodes particuliers et limités.

On peut donc s'étonner que parmi les millions d'enfants victimes de la guerre, essentiellement dans divers pays d'Afrique et d'Asie mais aussi chez nous, en Europe, seuls ceux morts à Gaza ou en Cisjordanie fassent l'objet, pour autant qu'ils soient Palestiniens[62], de l'essentiel de l'attention des médias de plusieurs pays d'Europe. Ils sont d'ailleurs souvent les seuls à avoir un prénom ou un visage.

Il est difficile d'y trouver une autre explication que celle de la rencontre circonstancielle entre d'une par cette « aubaine » de pouvoir se débarrasser à bon compte d'une certaine culpabilité européenne liée à l'histoire récente et d'autre part une véritable stratégie de communication parfaitement consciente de la part de certaines factions palestiniennes[63].

Le procédé est d'autant plus puissant qu'il active ce que Joël Kotek (ULB) appelle l'« antisémythe[64] » du Juif tueur d'enfants.

Bien sûr, la mort d'enfants est par nature insupportable et la société israélienne est d'ailleurs la première à s'en offusquer.

62 Les enfants israéliens victimes du même conflit font l'objet d'une attention beaucoup moins soutenue de la part des médias.

63 On sait par exemple que le Hamas utilise souvent des hôpitaux, des écoles, voire des maisons familiales pour procéder à des tirs, pour abriter des hommes armés ou pour stocker des armes. Le véritable bénéfice de ces pratiques inacceptables est évidemment bien moins dans la protection qu'elles offrent aux terroristes que dans l'exploitation qu'ils pourront en faire sur le terrain médiatique s'il y a des victimes civiles. Il en va de même d'ailleurs lorsque, dans des manifestations violentes, des hommes armés sont précédés par une foule d'enfants lanceurs de pierres.

64 Ce mot-valise se réfère à un vieil archétype que l'on retrouve depuis des siècles dans de nombreuses explosions d'antisémitisme, aussi bien en Europe que de l'autre côté de la Méditerranée. Bien des pogroms ont eu pour origine des histoires montées de toutes pièces, où il était question d'enfants enlevés, tués, voire vidés de leur sang pour le mêler à la pâte des pains azymes.

Mais l'effort pour les protéger est rendu encore plus difficile lorsque ceux-ci sont volontairement placés devant ou à proximité d'hommes armés, cela souvent davantage, on l'a dit, dans l'espoir de provoquer un incident mortel qui pourra être exploité médiatiquement que pour servir de boucliers humains.

L'obsession anti-israélienne et ses conséquences

2001 est marquée par les attentats du 11 septembre et de multiples rumeurs invoquant le coup monté et l'implication du Mossad. C'est aussi l'année de la Conférence de Durban, initialement destinée à renforcer la lutte contre le racisme et les discriminations, mais dont on se souvient seulement qu'elle a été un échec suite à l'insistance de certains pays arabes à la détourner de son objet pour en faire une tribune de dénonciation du « sionisme ».

En Belgique, cette année est aussi celle du vote de la loi de compétence universelle, coup d'envoi de plusieurs tentatives de plainte contre le Premier ministre israélien de l'époque, Ariel Sharon. Indépendamment du fond de l'affaire, les diverses péripéties entourant ces plaintes ont pour effet de placer la question du conflit israélo-palestinien presque en permanence en une de l'actualité dans notre pays.

Cette année-là, de nombreux actes de vandalisme ont lieu contre des synagogues, des magasins ou des locaux de réunions et des centres communautaires. Il y a aussi des alertes à la bombe, des sabotages contre des lieux juifs et des manifestations de solidarité avec les Palestiniens ou de protestation contre la guerre et l'impérialisme américain qui dégénèrent trop souvent en manifestations antijuives.

Jénine : du récit tronqué au regain de la violence

En 2002, les attentats-suicides terroristes contre des civils reprennent en Israël et font plus de 200 morts. À la suite de l'attentat du 27 mars 2002, revendiqué par le Hamas, ciblant un hôtel de la ville de Netanya pendant la Pâque juive qui fait 30 morts, le gouvernement d'Ariel Sharon lance le 29 mars une vaste opération militaire appelée « Opération Rempart ».

La bataille de Jénine est l'un des événements les plus médiatisés et instrumentalisés. La période qui suit, au mois d'avril 2002, voit le nombre d'actes antisémites augmenter fortement. Sur les 62 recensés en Belgique pour l'année, le mois d'avril est celui qui connaît le plus grand nombre d'agressions physiques et verbales qui font l'objet d'un signalement formel ce mois-là. Elles sont le plus souvent orientées contre des individus isolés. La ville la plus touchée est Bruxelles[65].

C'est aussi à ce moment-là que l'accord de coopération entre la Région bruxelloise et Israël est suspendu.

2003 voit un enchaînement d'actes choquants et la banalisation d'un antisémitisme violent. Les agressions et les injures graves se multiplient, des Juifs sont attaqués pour le simple prétexte qu'ils portent la kippa, une violence qui s'alimente d'amalgames tels que « Juifs = Israéliens = Sharon » et de préjugés pernicieux : le Juif « maître du monde », « infanticide », « perfide », « ennemi du genre humain », « vampire » et « fortuné », analyse Joël Kotek dans son livre *Au nom de l'antisionisme*[66]. Des immeubles sont couverts de tags antisémites et la presse fait souvent d'Israël

65 *Rapport sur l'antisémitisme en Belgique pour l'année 2002*, publié sur www.antisemitisme.be.

66 Joël et Dan Kotek, *Au nom de l'antisionisme. L'image des Juifs et d'Israël dans la caricature depuis la seconde Intifada*, avant-propos de Plantu, Complexe, 2003.

l'État responsable des maux planétaires. Des journaux publient des textes aux accents antisémites évidents sous couvert de leur courrier des lecteurs ou de cartes blanches.

Au fur et à mesure du développement de l'utilisation d'Internet et des réseaux sociaux dans les années qui suivent jusqu'à aujourd'hui, des commentaires ouvertement antisémites restent affichés pendant des semaines, des mois ou définitivement sur les sites des médias, profitant d'une passivité dans le chef de quelques modérateurs.

Cette année-là voit aussi de nombreux jumelages de communes belges avec des villes palestiniennes. En 2004, on vit un antisémitisme désormais décomplexé et banalisé. La diabolisation d'Israël devient courante. Cette année constitue un tournant pour la ville d'Anvers, où les actes antisémites et en particulier les agressions physiques sont les plus nombreux et dirigés à l'encontre des membres des communautés orthodoxes, comme cet étudiant poignardé dans le dos[67]. Par ailleurs, l'AEL[68] attaque régulièrement l'« ennemi sioniste » anversois (à savoir des Juifs dont le seul crime est d'exister) et importe le conflit du Moyen-Orient à Anvers. La relation de cause à effet est malheureusement inévitable. Lors d'un match de football Belgique-Israël en salle, des membres de l'AEL agitent des drapeaux du Hamas et du Hezbollah pendant toute la rencontre sportive, perturbant le jeu en hurlant : « Égorgeons les Juifs ! », « Hamas, Hamas, les Juifs au gaz ! » La police refuse d'intervenir, malgré les injures et les crachats sur le terrain[69].

67 Viviane Teitelbaum, *Salomon, vous êtes juif !?*, *op. cit.*, p. 102.

68 L'Arab European League, dont le fondateur Diab Abou Jajah est aujourd'hui devenu une personnalité respectée en Flandre.

69 Viviane Teitelbaum, *Salomon, vous êtes juif !?*, *op. cit.*, p. 99.

En 2005, la Belgique reste une plaque tournante des négationnistes. Ni eux, ni les fascistes d'extrême droite ne perdent de leur vigueur : les meetings de néonazis continuent. En mars 2005, la Belgique décide finalement d'adhérer à la "Task Force for International Cooperation on Holocaust Education, Remembrance and Research". Les tendances de 2004 se confirment pour Anvers, et à Bruxelles, on note une augmentation des actes de vandalisme[70].

L'année 2005 est aussi celle de la condamnation de l'étudiant Youssef S. de l'athénée Marcel Tricot. Il écope d'un an de prison avec sursis pour incitation à la haine raciale pour avoir adressé des menaces à caractère antisémite à l'un de ses professeurs accompagnées de propos tels que « *Heil Hitler* », « mort aux Juifs » ou « je suis Ben Laden ». Entre-temps, l'enseignant a quitté l'athénée, dont la direction se dit incapable d'assurer la sécurité.

À Anvers, cet été-là, plusieurs dossiers sont jugés au tribunal suite aux incidents antisémites survenus depuis l'année précédente, notamment le dossier du jeune étudiant orthodoxe poignardé. Pour la première fois, on obtient un procès suivi d'une sanction.

Entre 2000 et 2005, l'antisémitisme a pris une telle dimension en Europe que l'OSCE convoque une conférence internationale sur ce sujet à Cordoue. Le Sénat et le Parlement bruxellois adoptent aussi deux résolutions à ce sujet la même année.

Depuis 2001, date à laquelle le site www.antisemitisme.be commence à recenser les incidents antisémites en Belgique, 2006 fait figure de record : 66 incidents antisémites sont recensés en Belgique. Propos antisémites et négationnistes

70 www.antisemitisme.be.

tenus sur Internet, dans la presse écrite et télévisuelle. La ville la plus touchée cette année-là, la plus exposée aux menaces, aux insultes et aux actes de vandalisme est Bruxelles.

Mi-février 2006, on apprend aussi l'assassinat d'Ilan Halimi, un jeune Juif parisien. En été, c'est la guerre du Liban. Pendant les seuls mois de juillet et août, un tiers des actes antisémites de l'année sont commis, dont la profanation du Mémorial aux martyrs juifs de Belgique à Anderlecht le 24 juillet. Le boycott commence à s'exprimer, l'importation du conflit s'étend de la Flandre à la Wallonie et à Bruxelles.

2007 marque un nouveau record des actes antisémites en Belgique et en Europe, avec 69 incidents déclarés en Belgique[71]. Si les actes de violence physique à l'égard des membres de la communauté juive diminuent de 75 % en Belgique alors qu'ils augmentent fortement en France. En Belgique, insultes, publications dans la presse et sur Internet croissent de 10 % en un an.

2008 bat à nouveau les records. Du 1er janvier au 31 décembre 2008, 73 incidents sont recensés en Belgique[72].

L'année des 60 ans de l'indépendance d'Israël est déclarée « année de la Palestine », avec en point d'orgue l'organisation en mai, à Nivelles, du « Psychodrame Nakba[73] ». Une sordide parodie, qui présente l'exode des Palestiniens en 1948 comme s'il avait été le résultat d'une intervention unilatérale des Juifs

71 Incidents communiqués ou qui ont fait l'objet d'une plainte pour racisme rapportés par www.antisemitisme.be.

72 Nombre d'incidents/année : 2001 : 30, 2002 : 62, 2003 : 28, 2004 : 46, 2005 : 60, 2006 : 66, 2007 : 69. Source : www.antisemitisme.be.

73 Terme par lequel les Palestiniens désignent l'exode de 1948 faisant suite aux guerres israélo-arabes consécutives à la création de l'État d'Israël.

contre la population arabe de Palestine. Il s'agit là d'une falsification historique pure et simple.

« Mort aux juifs » : un deuxième tournant

De 2001 à 2014, plus de 19 600 missiles, roquettes et obus de mortier sont tirés depuis Gaza sur Israël, dont plus de 15 000 depuis le retrait israélien de la Bande de Gaza en 2005. Plus de 3 200 missiles et roquettes tombent sur Israël la seule année 2008. Le nombre de missiles tirés et leur précision ne cessent d'augmenter, terrorisant plus d'un million de civils israéliens, Juifs ou Arabes, qui doivent vivre à proximité d'un abri et ont entre 15 et 60 secondes pour s'y réfugier lorsqu'une roquette est tirée. La plupart de celles-ci peuvent atteindre les grandes villes du sud d'Israël : Sderot, Beer-Sheba, Ashdod, Ashkelon et les dizaines de kibboutz de la région du Negev. Selon l'armée israélienne, les derniers mois avant l'opération « Plomb durci » de décembre 2008, ce sont chaque jour 60 roquettes et obus de mortier qui sont tirés sur Israël. Deux tiers de ces engins tombent à proximité de zones habitées et les sirènes retentissent en moyenne à 40 reprises par jour.

Pour faire cesser ces tirs de roquettes, l'armée israélienne lance l'opération « Plomb durci » qui dure 24 jours, du 27 décembre 2008 au 19 janvier 2009. Il s'agit de démolir 90 passages souterrains utilisés pour acheminer des armes dans le sud de la Bande de Gaza, 25 sites de tirs de roquettes, une zone minée d'explosifs visant les soldats de Tsahal, 9 fabriques d'armes et des entrepôts. Ce qui n'est jamais raconté par la presse européenne, c'est qu'Israël continue pendant toute la durée des opérations à assurer l'acheminement de l'aide humanitaire (nourriture, médicaments, etc.) à la population civile dans la Bande de Gaza, même si les groupes du Hamas et les autres groupes terroristes lancent des douzaines de missiles quotidiennement sur les villes d'Israël. 1 028 camions (25 322 tonnes) d'aide humanitaire sont acheminés vers la Bande de Gaza, dont 435 en provenance d'organisations d'aide internationale et de gouvernements. La priorité est donnée à l'approvisionnement humanitaire en conformité avec les besoins évoqués par la communauté internationale.

En réaction aux opérations militaires israéliennes, des manifestations ont lieu dans le monde entier. On y entend des cris de « mort aux Juifs », des appels à une nouvelle intifada et au gazage des Juifs et d'autres slogans antisémites. En Belgique, lors de la manifestation nationale du 11 janvier 2009, des croix gammées associées à l'étoile de David côtoient des drapeaux du Hamas et du Hezbollah. Dans plusieurs villes du pays, des synagogues sont vandalisées. Elles sont couvertes de tags, leurs fenêtres sont brisées par des pavés. Une habitation juive et une synagogue font l'objet de tentatives d'incendie. On ne compte plus le nombre d'actes de vandalisme, d'agressions physiques et de menaces.

Le lien entre les événements au Moyen-Orient et le développement d'une poussée antisémite haineuse est à nouveau évident. En plus des manifestations traumatisantes et stigmatisantes pour beaucoup de Juifs en Belgique, entre le 26 décembre 2008 et le 31 janvier 2009, 47 incidents sont recensés[74].

Dans de nombreux pays où ces manifestations violentes ont lieu, des bâtiments juifs, y compris des synagogues, sont profanés et brûlés, des personnes sont agressées, poignardées, blessées.

74 www.antisemitisme.be.

En Belgique, la manifestation de janvier 2009 pour Gaza restera dans les mémoires de nombreux Juifs de Belgique. Les panneaux « Mort aux Juifs » sont littéralement un choc.

En ce qui me concerne, la présentation d'une résolution pro-Gaza au Parlement bruxellois est également un moment traumatisant. L'expression de la haine est palpable dans l'hémicycle. Il y a ceux qui sont déchaînés et ceux qui se taisent, en complices passifs. Je suis, quant à moi, assignée à résidence identitaire, un peu comme si l'on m'avait collé une étoile jaune : suspecte, forcément. Jamais un tel sentiment de malaise ne m'a auparavant envahie au Parlement.

Après une accalmie estivale, on assiste à une épidémie de démolition de candélabres lors de la fête des Lumières partout dans le monde et notamment en Belgique, par tous types de population (chrétiens, néonazis, musulmans)[75]. Le nombre d'incidents rapportés pour 2009 est de 109[76].

À partir de cette date, des campagnes qui remettent directement et ouvertement l'existence de l'État d'Israël en question sont menées par des associations « progressistes » et gagnent en adhésion. Le rôle de certains médias comme « facilitateurs » de cette propagande haineuse est malheureusement à déplorer.

En 2010, le nombre d'incidents rapportés diminue fortement. Paradoxalement, beaucoup de Juifs commencent, à cette période, à penser à partir, à quitter la Belgique et il en va de même aux Pays-Bas. L'antisémitisme et le malaise grandissant au sein des communautés juives se propagent à

75 *Rapport sur l'antisémitisme en Belgique pour l'année 2009*, publié sur www.antisemitisme.be.

76 *Ibid.*

l'Allemagne puis dans d'autres pays comme la France, l'Espagne, la Norvège, la Suède, le Danemark, la Grèce, l'Italie, l'Autriche ou le Royaume-Uni. Là, deux parlementaires, John Mann (président de l'ICCA) et Mike Freer, lancent un débat parlementaire afin de discuter des moyens pour lutter contre l'antisémitisme. À Ottawa, John Mann déclare : « Il doit y avoir une riposte, et nous, parlementaires, sommes prêts à monter au front. Les communautés juives du monde entier doivent savoir qu'elles ne sont pas seules. » Elie Wiesel y prend également la parole et m'émeut beaucoup : « Je dois vous avouer que je ne me suis pas senti comme je me sens maintenant depuis 1945. Je pense que nous avons des raisons d'être inquiets et même d'avoir peur. Le moment est venu de mobiliser les efforts de l'humanité entière. »

Pour ce livre, le député travailliste, très engagé, m'a répondu :

> « L'antisémitisme, tel un virus, continue à muter et à se développer. Travaillant avec d'autres parlementaires à travers le monde, j'ai cherché à l'attaquer de front. Nous avons obtenu des succès là où nous avons pu travailler sur une base multipartite, en s'attaquant aux problèmes qui se posent au sein de nos partis respectifs, définissant ainsi des cadres de lutte contre l'antisémitisme que d'autres peuvent ensuite appliquer, surveiller et évaluer.
>
> Au Royaume-Uni, nous avons étudié le nouvel antisémitisme et nous savons que, trop souvent, les débats concernant le Moyen-Orient contiennent des images et une rhétorique antisémite.
>
> Nous constatons également que lorsque la tension monte au Moyen-Orient, les Juifs d'Europe en sont

> tenus pour responsables collectivement. Nous nous inquiétons aussi du fait que les médias sociaux sont tout à la fois un outil fantastique et constructif, mais également un moyen pour insulter et diffamer des Juifs, comme d'autres personnes.
>
> Dans tous ces domaines, nous poursuivrons éducation et actions. En travaillant ensemble dans la lutte contre l'antisémitisme, nous pouvons améliorer la situation des Juifs qui en sont victimes, mais également celle de nombreuses autres minorités ou personnes subissant des crimes haineux. Il est donc évident que la lutte contre l'antisémitisme doit être un effort collectif. Notre responsabilité collective est engagée. La santé de notre société démocratique en dépend. »

La diminution des actes n'est donc pas en lien avec le ressenti de nombreux membres de communautés juives de par le monde. Le climat reste tendu. Ce qui est très mal vécu, c'est l'obsession antisioniste, l'assimilation du Juif à Israël, la délégitimisation d'Israël, mais aussi la passivité et le manque de réaction tant politique que médiatique et judiciaire.

Suite à mon retour d'Ottawa en novembre 2010 et au communiqué que je rédige avec ma collègue Corinne De Permentier, je reçois le commentaire suivant sur Facebook : « Chère Madame Teitelbaum : à force de tartiner votre culture, d'imposer votre cuisine, vous saturez les convives !... et c'est comme cela que tout commence (...et que tout a commencé en 1939) ! Intégrer-vous [*sic*] que diable ! Reconnaissez la responsabilité des Juifs et arrêter [*sic*] de promouvoir votre nombril. » Le commentaire est transmis au Centre pour l'égalité des chances via www.antisemitisme.be.

La réponse du Centre est la suivante :

```
Objet : Commentaire antisémite sur Facebook

Bonjour,
Suite à votre signalement (ci-dessous), nous
avons constaté que le dénommé G.B., non seule-
ment avait tenu les propos que vous dénoncez,
mais également que sa page Facebook regorgeait
de messages appelant à la haine. Pour ces rai-
sons, nous avons décidé de déposer une plainte
simple auprès du parquet de Bruxelles.
Très cordialement.
```

Je n'aurai jamais d'autres nouvelles.

On se souvient aussi de 2010 comme de l'année où Karel De Gucht, commissaire européen chargé du Commerce, déclare le 2 septembre sur la VRT, radio publique belge néerlandophone : « Il ne faut pas sous-estimer le poids du lobby juif sur la colline du Capitole, le Parlement américain. C'est le groupe de pression le mieux organisé qui existe là-bas. Il ne faut pas non plus sous-estimer l'opinion, en dehors du lobby, du Juif moyen qui ne vit pas en Israël. Il y a en effet la foi chez la plupart des Juifs – je pourrais difficilement décrire cela autrement – qu'ils ont raison. Et la foi est quelque chose qu'on peut difficilement combattre avec des arguments rationnels. Même les Juifs laïques partagent la même croyance d'avoir effectivement raison. Il n'est donc pas facile, même avec un Juif modéré, d'avoir une discussion sur ce qui se passe au Proche-Orient. C'est une question très émotionnelle. »

Les commentaires dans les médias qui rapportent ces paroles sont souvent encore pires que la déclaration elle-même ! Un journaliste du quotidien *Le Soir* commente le dérapage du commissaire européen Karel De Gucht en renchérissant : « Karel De Gucht brave les tabous. [...] Faut-il dire tout haut ce que tout le monde pense tout bas ? »

En 2010, année de la première flottille pour Gaza, des militants d'extrême gauche mettent en scène un spectacle de rue évocateur de l'accusation de meurtre rituel[77], des « Juifs buveurs de sang ». Ils portent une pancarte avec l'étoile de David boivent un verre de sang lors d'une manifestation à l'occasion de l'assemblée générale de la banque Dexia et de nombreuses actions de boycott sont organisées dans les grandes surfaces et à la Foire du livre, par exemple.

Pour Noël, je reçois encore un mail sympathique sur mon blog : « La mémoire de la Shoah est un fonds de commerce des sionistes. » Tout commentaire nécessitant une autorisation de ma part avant d'être publié, celui-ci ne l'est pas. Le signalement est transmis au Centre pour l'égalité des chances. Je n'aurai jamais de nouvelles. Cette année-là, je reçois aussi une avalanche de mails insultants et menaçants[78].

2011 est l'année du « Printemps arabe » qui débute en Tunisie, pour s'étendre ensuite en Égypte et au-delà. De nombreuses manifestations, souvent sanglantes, et des affrontements meurtriers ont lieu pour tenter d'arracher les libertés et la démocratie. En Belgique, quelques événements marquent cette année qui voit les actes antisémites déclarés augmenter de 25 % tout en restant dans la moyenne, avec 65 faits.

77 « Shame – C'est du belge : l'année 2010 en dérapages anti-juifs », publié sur le site http://philosemitismeblog.blogspot.be le 9 février 2011.

78 Voir l'avant-propos.

L'année où le MRAX, l'ULB et la Flandre ont perdu la mémoire

Début 2011, on apprend aussi que l'objet social du MRAX, l'une des plus vieilles associations antiracistes du pays, a été modifié. Dans ses nouveaux statuts, l'association ne fait plus référence à la défense de la mémoire des victimes du nazisme pour laquelle elle a été créée après la Seconde Guerre mondiale, notamment par des résistants comme le couple Jospa. Dans l'ancienne version de l'article 2 de ses statuts, l'association affirmait vouloir contribuer « à la défense de la mémoire des victimes de persécutions racistes, commises notamment sous le nazisme ». La nouvelle version indique la volonté du MRAX de défendre « la mémoire des victimes de persécutions racistes, commises notamment lors d'un génocide ». Zappée, la Shoah. Oublié, le vécu douloureux des anciens du MRAX, des résistants et des communistes de l'après-guerre souvent d'origine juive[79].

Problème de mémoire aussi du côté de l'ULB. Dans l'édition de mars du *Caducée*, journal du Cercle des étudiants de Solvay, on peut lire un article « humoristique » intitulé « Quelle religion choisir ? » En voici un extrait : « Judaïsme : Votre jeunesse a été bercée par les aventures de Minus et Cortex et voulez rejoindre un mouvement international dont le dessein secret est de dominer le monde ? Vous vous êtes inscrits à Solvay car la simple évocation de l'Or fait battre votre cœur au rythme des pièces sonnantes et trébuchantes que vous cachez dans la sacoche portée autour du cou ? Vous trouvez votre penne has-been et voulez opter pour un couvre-chef beaucoup plus compact j'ai nommé la Kippah ? Ne cherchez plus, direction les fours polonais, la synagogue du quartier où le rabbin vous

79 Marie-Cécile Royen, « Le MRAX zappe le génocide juif », *Le Vif/L'Express*, 17 février 2011.

expliquera les démarches nécessaires ! Tout comme pour les musulmans d'ailleurs, attendez-vous à ce qu'il cherche à soustraire une partie de votre bijou familial. »

Après le baptême nazi du cercle Solvay en novembre 2010 lors duquel des étendards portant des croix gammées sont dressés afin de baptiser les « bleus », y compris des étudiants juifs, cet article fait réagir l'UEJB[80], qui demande des excuses. Elles sont envoyées peu de temps après. Suite à ces dérives, les étudiants juifs dénoncent également « la dégradation du climat au sein de notre *alma mater* provoquée par la libération et la banalisation de la parole antisémite et appellent les autorités académiques à prendre pleinement conscience de la détérioration alarmante du climat sur le campus et à y répondre sans délai par toutes les mesures préventives qu'elles jugeront utiles. »

Malheureusement, peu ou rien ne sera fait. Deux mois plus tard, lors de la conférence de Stéphane Hessel tenue dans l'auditoire Janson de l'ULB, une personne distribue, à l'entrée de l'auditoire, des tracts antisémites[81] en toute impunité. Quelques jours plus tôt, l'entrée du bâtiment des étudiants (portes, rampes, murs) a été placardée d'affiches flanquées d'une tête de mort et d'un texte qui s'achève ainsi : « Si la communauté universitaire ne réagit pas, les macchas, eux, réagiront », signé par le mystérieux « Ordre des frères macchabées ».

Le même mois de mars, rue Neuve à Bruxelles, un « checkpoint » est installé, qui n'est rien d'autre qu'une caricature

80 Union des étudiants juifs de Belgique – www.uejb.org.

81 Ce tract a pour titre, côté recto : « Israël : cancer du côlon ». Au verso se trouve un texte reprenant un certain nombre de passages antisémites, dont « Toi Juive, Toi Juif, d'Ici et de Partout... », « Peuple juif, peuple de veaux », « Tu as connu le national-socialisme, voici venu le national-judaïsme », « Tes décideurs, tes élites, comme pendant les années trente, te trompent et te mettent en danger ». Le tract est signé « Maurice de Toledo ».

mensongère, grotesque et violente des check-points en Israël. Il s'agit d'incitation à la haine et à la violence que la députée européenne Frédérique Ries[82] dénonce lors d'un conseil communal.

Enfin, 2011 est aussi l'année du retour du débat sur l'amnistie des collaborateurs et des propos choquants du ministre de la Justice Stefaan De Clerck appelant notamment à profiter de ce « débat » pour « oublier, parce que c'est du passé[83] ». C'est encore l'année des incidents graves contre la jeune Océane (dont nous reparlons au chapitre 8).

La Belgique se distingue dans son approche anti-israélienne

Pour tenter d'analyser la montée de l'antisémitisme tout au long des années 2000, je me suis entretenue avec Jean-Pierre Martin, journaliste, grand reporter et responsable de l'information internationale pour RTL-TVi. Il est l'un des rares qui continue à chercher l'information à la source, à la comprendre sans œillères, à la décrypter sans concessions et avec talent.

Pour lui, aborder le thème de l'antisémitisme, comme je le lui propose, vient à propos car depuis quelques années, mais surtout depuis l'émergence de Daesh (et depuis que l'on sait que de nombreux jeunes de chez nous partent vers la Syrie), il ne cesse d'y réfléchir. Il est profondément interpellé par le djihadisme et le renoncement citoyen de ces jeunes musulmans (dont de nombreux convertis) et en parallèle par la montée de l'antisémitisme. Ce dernier est très prégnant dans le discours

82 Députée européenne et conseillère communale à la Ville de Bruxelles.

83 « Amnistie : Stefaan De Clerck veut ouvrir le débat », publié sur RTBF.be le 18 mai 2011.

quotidien, politique, et dans la presse. Donc pas uniquement chez les jeunes d'origine immigrée.

Pour lui, les dates clés sont 2006, celle de la guerre du Liban, et l'hiver 2008-2009, avec la guerre à Gaza.

> « Depuis, cet antisémitisme marquant est devenu récurrent et cet aspect imprégnant dans notre société est difficile à vivre pour moi. D'une part, parce que si je ne peux nier la nécessité d'un accord de paix entre Israël et la Palestine, je ne peux admettre – et surtout pas comme journaliste – l'amalgame qui est fait et qui vise tout un peuple, comme après les événements à Gaza. »

Avant 2009, il se rendait en moyenne un mois et demi par an en Israël. Plus maintenant.

> « Depuis que le câble satellite en Israël a été partiellement démoli, j'ai l'impression que, la parole libre ne peut plus s'exercer. Comme si l'on ne pouvait plus dissocier l'appartenance d'une communauté à un État (qu'on l'aime ou pas !). Et je sais que je ne suis pas le seul journaliste à ressentir les choses de cette manière. Et cela devient douloureux pour nous de voir des personnes subir en permanence des attaques antisémites, parfois sous couvert d'antisionisme, sans pouvoir contextualiser ou recadrer les discours. C'est douloureux et, en même temps, c'est une source de fierté que de pouvoir me dire que même si je ne suis pas d'accord avec le Premier ministre israélien, je peux être du côté de l'État d'Israël. C'est pour moi le fruit d'un long cheminement, qui a commencé en Israël en 1989 (lors de la première Intifada). »

Il y retournera cependant à de nombreuses reprises, y compris lors de dates symboliques comme en 1993 à l'occasion des accords d'Oslo[84] et en 1995 lors de l'assassinat d'Yitzhak Rabin[85].

> « C'était un apprentissage de la compréhension de ce que sont Israël et la Palestine. Et c'est très important pour un journaliste. Ainsi sans parti pris systématique, on se sent soi-même plus libre d'avoir la même empathie pour les Israéliens que pour les Palestiniens sans devoir se justifier. Et c'est là qu'on se rend réellement compte que l'antisémitisme et Israël sont intimement liés. »

Et de préciser :

> « La question de l'antisémitisme est prégnante dans les faits, comme je l'ai rappelé, depuis les guerres du Liban et de Gaza mais même depuis la fin des années 1990, avec le début du djihadisme et maintenant avec Daesh. L'antisémitisme a été utilisé comme outil de propagande dans ce contexte depuis le milieu des années 1990, dans une proportion moins importante évidemment car il n'y avait pas Internet. Cela a coïncidé avec la manipulation, le sectarisme et la domination par la puissance financière de l'Arabie saoudite, de ce que j'appelle les âmes et consciences des populations immigrées. Cela remonte à cette période et continue aujourd'hui encore. Mais les gouvernements ont du mal à analyser cela, et à en mesurer les responsabilités. »

84 Les accords d'Oslo sont signés le 13 septembre 1993 par les Israéliens et les Palestiniens. Un accord qui permet une reconnaissance mutuelle entre Israël et l'OLP (Organisation de libération de la Palestine) et qui prévoit par étapes la résolution du conflit israélo-palestinien.

85 L'assassinat de Yitzhak Rabin, Premier ministre israélien, a lieu le 4 novembre 1995 lors d'une manifestation pour la paix en soutien aux accords d'Oslo, dont il est l'un des instigateurs avec Shimon Peres.

Pour le journaliste, le politique fait semblant de ne rien voir entre 1995 et 2001, malgré les attentats, et tout en se focalisant sur l'Iran, il évite de voir cette mainmise progressive sur la population immigrée. Quand 2001 arrive, on se sent démuni, c'est trop tard. Un exemple parlant est celui de Malika[86], embrigadée par le Centre islamique belge (via des vidéos pro-palestiniennes notamment), comme le sont les jeunes filles qui partent en Syrie aujourd'hui : un matraquage constant, qui ne cesse de s'amplifier. Il explique :

> « Ces jeunes vont alors dans différents milieux radicaux et d'extrême gauche. Le transfert s'opère entre des immigrés considérés par certains politiques comme le nouveau "lumpenprolétariat" et les Palestiniens qui le deviennent à leur tour. On le voit aujourd'hui à travers la propagande de BDS (Boycott, Désinvestissement et Sanctions) partout : à l'université, chez les jeunes journalistes, qui ne connaissent objectivement que très peu du conflit israélo-palestinien, ne rencontrent que rarement des Juifs et reçoivent leurs cours par des enseignants formés idéologiquement qui font souvent l'impasse sur l'histoire, dont la connaissance aurait pu éventuellement un peu pondérer le parti-pris et induire de la sympathie pour les communautés juives. »

86 Malika Aroud, immigrée en Belgique avec sa famille en 1964, fréquente le prédicateur islamiste franco-syrien Bassam Ayachi (cofondateur du Centre islamique belge (CIB) et du site www.assabyle.com, qui diffuse des diatribes haineuses) installé à Bruxelles. Elle accompagne son mari qui, le 9 septembre 2001, se faisant passer pour un journaliste belge d'origine marocaine, assassine le commandant Massoud. Elle est acquittée par la justice belge, jusqu'en 2010, où elle est condamnée par le Tribunal correctionnel de Bruxelles à huit années de prison et 5 000 euros d'amende pour son implication dans la création, la direction et le financement d'un groupe à visées terroristes. La journaliste Marie-Rose Armesto écrira son histoire dans *Son mari a tué Massoud* (Balland, 2002).

Jean-Pierre Martin précise encore :

> « Quand on connaît les tenants et les aboutissants, on peut contrer un courant de pensée dominant, appeler à la raison et à la conscience, ce qui est manifestement de plus en plus difficile. Il faut revenir au respect politique et intellectuel chez les journalistes aussi, car sinon, cette incompréhension et cette méconnaissance mènent à une dérive ou laissent assassiner une communauté considérée comme gênante, responsable de tous les maux de la planète, exactement comme il y a 70 ans. »

Jean-Pierre Martin est également interpellé par la perte de crédibilité des organisations de défense des droits de l'homme et antiracistes, comme le MRAX, créé après-guerre, entre autres par des Juifs pour dénoncer tous les racismes et l'antisémitisme.

> « Je suis atterré de voir la perversité du discours se retranchant derrière la "noblesse" d'une cause pour stigmatiser une communauté. Et j'emploie sciemment le terme "stigmatisation", utilisé habituellement pour défendre une autre communauté de la critique car elle subit à son tour discrimination et précarité. »

Oui, Jean-Pierre Martin estime qu'aujourd'hui, les journalistes sont souvent des « facilitateurs » d'antisémitisme. Et il ne le comprend pas.

> « Car, dit-il, par nature, un journaliste est amoureux des libertés, imperméable aux pressions – qu'elles soient idéologiques ou politiques –, et je ne comprends pas comment certains journalistes, au nom d'une cause qui les dépasse, peuvent brader leur serment de justice et d'honnêteté. »

Selon lui, la Belgique se distingue nettement dans cette approche anti-israélienne. Certes, elle n'est pas la seule, mais il y a des pays où c'est moins perceptible, où cela s'exprime autrement, comme en Allemagne, aux Pays-Bas, etc. Ce sentiment se diffuse à travers différents courants politiques : de l'extrême droite à cette nouvelle extrême gauche qui émerge, comme en Espagne avec Podemos ou en Grèce avec Syriza. Chez ce dernier, l'antisémitisme est très présent et il est lui-même allié à l'extrême droite qui le soutient, comme Aube dorée, par exemple… En Espagne, cet été, les organisateurs du festival de Benicassim (Valence), sous la pression de BDS Païs Valencia et des autorités locales d'extrême gauche (partenaires de Podemos), ont tenté d'interdire le concert du chanteur américain Matisyahu parce qu'il est juif. Ils exigeaient qu'il signe une déclaration préalable de dénonciation de la politique israélienne. Une plainte a été déposée contre les organisateurs pour racisme et antisémitisme, et le chanteur a finalement pu rejoindre le festival.

Pour lui, ce sont de nouvelles convergences, mais qui ne sont pas sans rappeler l'Allemagne des années 1930 où l'extrême droite avait également le soutien de la gauche.

> « Comme si on revivait les mêmes affres, les mêmes déviances, d'une certaine manière ! En conclusion, je m'interroge. Et maintenant ? Est-ce trop tard ? Comment les partis démocratiques peuvent-ils reprendre la main ? Comment reprendre le dessus dans les universités ? Tout passe par l'éducation. Que faire pour que les recteurs n'acceptent plus que l'antisémitisme soit une tribune pour les étudiants, comme c'est le cas aujourd'hui ?
>
> Il faut former les journalistes, les enseignants, les professeurs, les médecins. Au niveau politique, il faut que

les responsabilités soient partagées dans tous les partis par des hommes et des femmes qui ne cherchent plus à instrumentaliser des communautés. Trop longtemps, certains partis les ont exploitées à des fins électoralistes. Il sera difficile de faire marche arrière, mais il le faut », conclut-il.

4.
2012-2015 : crimes de sang

À partir de 2012, avec les attentats de Toulouse en particulier, un nouveau cap est franchi. L'antisémitisme tue. Et il le fait au nom d'une cause.

Certes, Ilan Halimi a été tué en France en 2006 parce que « tous les Juifs ont de l'argent ». Le Dr Wybran a lui aussi été victime d'un attentat terroriste, comme des enfants anversois presque 10 ans plus tôt. Mais les assassinats de Toulouse[87], de Bruxelles[88], de Paris[89] et de Copenhague[90] sont d'une nature

87 Les attentats de Toulouse et de Montauban tuent 7 personnes : Imad Ibn Ziaten, maréchal des logis, Abel Chennouf et Mohamed Legouad, militaires, Jonathan Sandler, rabbin, et ses deux fils, Gabriel et Aryeh, et Myriam Monsonégo, fille du directeur de l'école Ozar Hatorah.

88 L'attentat contre le Musée juif de Belgique tue Emanuel Riva, Miriam Riva, Dominique Sabrier et Alexandre Strens.

89 Les attentats de Paris contre la rédaction de *Charlie Hebdo* et le magasin Hyper Cacher tuent Philippe Braham, Frédéric Boisseau, Franck Brinsolaro, Jean Cabu, Elsa Cayat, Yohan Cohen, Stéphane Charbonnier, Yoav Hattab, Philippe Honoré, Clarissa Jean-Philippe, Bernard Maris, Ahmed Merabet, Mustapha Ourrad, Michel Renaud, François-Michel Saada, Bernard Verlhac et Georges Wolinski.

90 L'attentat contre la grande synagogue de Copenhague tue Finn Nørgaard et Dan Uzan.

différente. Au nom du djihad, des Juifs mais aussi des policiers, des soldats, des journalistes et des musulmans sont pris pour cible. Après ces faits terroristes, les agressions antisémites augmentent. Chaque fois. Et l'émotion générale est souvent de courte durée. Car, au fond, « ne l'ont-ils pas cherché, ces Juifs, sionistes, qui font endurer aux Palestiniens ce que les nazis leur ont fait subir ? » Que ce soit après les attentats ou après des tensions au Moyen-Orient – comme les opérations « Pillier de défense » ou « Plomb durci » –, les Juifs sont assimilés aux Israéliens, nazifiés, diabolisés, stigmatisés. Partout. Sur les réseaux sociaux, fortement, dans certains médias aussi, et même par certains politiques.

Je ne ferai pas une énumération des événements des années 2012 à 2015, le constat est limpide. Des paroles accusatrices et menaçantes, nous sommes passés à la phase d'action. Ce qui est toutefois intéressant à pointer, c'est qu'en 2014, « 28 actes visent directement un individu, ces chiffres témoignent de la translation de phénomènes conjoncturels (Moyen-Orient) vers un antisémitisme structurel où des positions justifiées par l'antisionisme laissent place à des comportements antisémites[91] ».

L'antisionisme radical, obsessionnel – peu importe finalement son qualificatif, et d'ailleurs en a-t-il besoin ? – est agressif, systématique et relayé en permanence par les médias. Les conséquences sont immanquablement assassines.

Beaucoup de Juifs sont désormais à bout de patience. Comment est-il possible d'accuser, de diaboliser, de nazifier les Juifs aussi fortement, publiquement, au nom de la critique d'Israël et de la liberté d'expression ? Sont-ils les seuls à se rendre compte de la violence de ces discours ?

91 *Rapport sur l'antisémitisme en Belgique pour l'année 2014*, publié sur le site www.antisemitisme.be.

« Tu ne sais pas à quel point tu es courageux jusqu'au jour où cela devient pour toi la seule option »

Le samedi 24 mai 2014 est une journée noire en Belgique. L'attentat du Musée juif fait quatre morts. Parmi les politiques venus sur place le jour de l'attentat, à la veille d'un scrutin important, plusieurs contribuent régulièrement à ce climat toxique qui a débouché sur le pire.

Chouna Lomponda est responsable de la communication et des relations publiques du Musée juif de Belgique. Elle est aussi la rédactrice en chef de son *Bulletin*. En d'autres mots, cette jeune femme est le visage, le porte-parole du Musée. Et l'assume. Malgré les événements tragiques, elle garde sa détermination.

J'ai voulu rencontrer cette femme généreuse, cette battante, pour évoquer avec elle ce qui s'était passé depuis ce jour-là. Pour elle, tout a changé le 24 mai 2014.

> « Il y a un avant et un après, et j'ai l'impression d'avoir perdu une partie de mon insouciance, de ma spontanéité ce jour-là. »

La jeune femme travaille souvent les week-ends et, maman de quatre enfants, elle emmène parfois ses fils, ce qu'elle ne fera plus après l'attentat. Ce 24 mai, elle téléphone à son assistant, Alexandre Strens[92], et lui dit qu'elle ne viendra pas. Quelques heures plus tard, c'est le choc.

> « C'étaient des collaborateurs, j'en ai fait des insomnies, j'ai eu très peur, ça a été difficile de reprendre le cours de ma vie. Aujourd'hui, le 24 mai reste présent

92 L'une des quatre victimes de l'attentat.

> dans ma mémoire pour honorer les disparus, mais je n'ai plus peur. »

Comme Chouna Lomponda est le visage du Musée, celle qui répond aux questions, elle reçoit très vite des menaces, dès la réouverture. Ses amis lui conseillent de partir : « Barre-toi, c'est pas ton combat. » Mais la jeune femme reste.

> « En touchant la communauté juive à travers cet acte barbare, c'est toute l'humanité qui est touchée, donc cela me concerne, dit-elle très calmement, et depuis, le terrorisme touche d'ailleurs tout le monde et partout. Je quitterai mon travail le jour où je le déciderai, et pour des raisons professionnelles, pas par peur. » Et de paraphraser Bob Marley[93] : « Tu ne sais pas à quel point tu es courageux jusqu'au jour où cela devient pour toi la seule option. »

Car ce n'est pas la première fois qu'elle est confrontée au danger et à l'adversité. Née à Kinshasa au Congo, elle a dû fuir, petite fille, pour sauver sa vie lors de pillages. Aujourd'hui, elle s'accroche. Mais lors de la commémoration, un an après les événements, après ce triste anniversaire où elle est passée sur de nombreux médias, elle reçoit à nouveau des menaces. Et décide de porter plainte.

> « Il ne faut pas forcément être Juif pour être une cible. La première fois, la cible était la communauté juive, mais aussi la culture. Je ne sais pas d'où viennent ces intimidations, mais je ne me laisse pas impressionner. Quand on m'envoie "arrête de te montrer pour ces gens-là sinon il t'arrivera quelque chose de mal ou tu

93 Bob Marley disait : « Parce que, souvent, on ne sait à quel point on est fort jusqu'au jour où être fort est la seule option. »

> finiras comme eux", je me dis que c'est horrible, mais je ne céderai pas. Ce sera mon choix de partir et pas parce que je suis assimilée à quelque chose qui les dérange ! J'ai choisi ce travail. Même si c'est parfois très difficile pour nous, membres de l'équipe, suite à ce drame. »

Chouna Lomponda n'accepte pas qu'en 2015, l'on puisse encore voir des croix gammées, ou que l'on cible des Juifs. C'est pour elle insupportable.

> « Parfois, la sœur d'Alexandre passe nous saluer et nous dit combien elle trouve formidable que presque tout le monde continue à travailler au Musée. Qu'ainsi, son frère n'est pas parti pour rien… Je reste, la vie continue, mais il y a des moments où c'est très dur, comme lorsque je feuillette le livre d'or et que je vois des messages d'élèves à caractère antisémite. »

« En Belgique, le djihadisme n'est plus d'importation, mais d'exportation »

Ce n'est qu'après la barbarie des meurtres du 11 janvier 2015 à *Charlie Hebdo* que le monde prend la mesure de la violence qui sévit désormais. Et les Juifs aussi, une fois encore. Mais pour eux, les démocrates n'ont jamais défilé. Alors qu'eux sont tués non pour ce qu'ils font – comme l'ont été les dessinateurs de *Charlie Hebdo* ou les policiers tués pour les fonctions qu'ils exerçaient courageusement –, mais pour ce qu'ils sont. J'aurais aimé entendre un seul journaliste le dire sur antenne.

Et comme si cela ne suffisait pas, ces actes sont suivis de vagues d'antisémitisme dans différents milieux, culturels mais aussi sociaux, dans une indifférence politique et médiatique quasi générale.

Pour comprendre ces attentats inspirés par les idéologies islamiste et djihadiste, j'ai interrogé Claude Moniquet, un ancien journaliste passé par les « services », auteur spécialisé dans les questions stratégiques, dont le terrorisme, le renseignement et la sécurité globale. Il a publié de nombreux livres sur ces sujets et est cofondateur et actuellement directeur de l'ESISC[94]. Il est régulièrement l'invité des plateaux télévisés dans de nombreux pays d'Europe, d'Afrique ou d'Asie. Citoyen engagé et passionné, défenseur résolu de la laïcité de l'État, il ne laisse jamais indifférent. Il répond sans tabous à mes questions sur ces sujets parfois délicats.

Claude Moniquet explique que, selon lui, il n'y a pas d'antisémitisme belge à proprement parler aujourd'hui. Il existait dans les années 1930 à travers un antisémitisme catholique et d'extrême droite, très différent d'ailleurs de celui qui prévalait en France. Aujourd'hui, il s'agit d'un antisémitisme d'importation, qui est le fait d'une partie de la jeunesse musulmane, et qui a provoqué une augmentation des faits antisémites au cours de ces 15 dernières années. Avant cela, nous avions atteint le niveau le plus bas de son expression, le niveau zéro n'existant pas, un taux qui ne dépassait pas 1 ou 2 %.

Lorsque l'on évoque l'histoire plus récente de l'antisémitisme, on parle de différents stades. Depuis 2012, ce sont les passages à l'acte. Ceux de Mohamed Merah, en mars 2012 à Toulouse et à Montauban, commis au nom du djihad, avec l'assassinat de sept personnes, trois militaires et quatre civils (dont trois enfants dans une école juive), semblent donc clairement représenter l'un de ces tournants. Alors, quand on parle de terrorisme, que veut dire le passage à l'acte ? Claude Moniquet l'aborde tel qu'il est défini par la loi :

94 Europen Strategic Intelligence and Security Center – Centre européen de recherche, d'analyse et de conseils en matière stratégique, basé à Bruxelles.

« Du point de vue légal, on ne peut pas parler de passage à l'acte sans qu'il y ait "début d'exécution". Le simple fait de parler d'un possible attentat, de manière générale, ne constitue pas un passage à l'acte, mais si les personnes commencent à se répartir les rôles, que l'une est chargée du repérage des lieux, une autre de se procurer un certain type de matériel nécessaire au projet, ou, bien entendu, si l'on se procure ce matériel (explosifs, produits chimiques en vente libre ou non entrant dans leur composition ou armes), si l'on se livre effectivement aux repérages, par exemple, alors oui, clairement, on est dans l'action terroriste puisqu'il y a bien début d'exécution.

Cela inclut dès lors les attentats de Toulouse, du Musée juif de Belgique, de *Charlie Hebdo* et de l'Hyper Cacher à Paris, de Copenhague, ou la décapitation en Isère[95], mais également les actes qu'on a pu empêcher comme à Verviers[96], contre des églises de la région parisienne[97] ou encore le complot du 17 juillet contre une base militaire[98]. En d'autres mots, les jeunes qui en parlent ou disent qu'il faut tuer des

95 Le 26 juin 2015, Yassine Salhi, un salafiste connu, décapite son employeur, expose sa tête coupée sur une clôture et tente de faire exploser un site de gaz industriel classé SEVESO.

96 Une action antiterroriste a été menée à Verviers le 15 janvier 2015, faisant deux morts et permettant l'interpellation d'autres suspects. Trois individus étaient surveillés après être rentrés de Syrie et, selon le parquet fédéral belge, s'apprêtaient à commettre un attentat terroriste d'envergure en Belgique.

97 Le 19 avril 2015, Sid Ahmed Ghlam est arrêté à Paris après s'être tiré une balle dans la jambe en assassinant Aurélie Châtelain dans le but de lui voler sa voiture. Celle-ci devait servir à commettre des attentats contre des églises de Villejuif.

98 Projet d'attentat contre une installation militaire sur le site de Port-Vendres (Pyrénées-Orientales) ainsi que la décapitation d'un gradé.

> Juifs ne sont pas concernés. Mais dès qu'ils planifient, programment ou organisent l'action, il s'agit de terrorisme, même si le ou les actes ne sont pas (encore) réalisés. »

À la question de savoir ce qui a déclenché ce changement en Europe, Claude Moniquet explique que c'est une rencontre de deux choses dans le cadre d'un contexte historique qui favorise cette émergence : d'une part la crise au sein de l'Islam et d'autre part celle au sein du monde arabe. Car même si les salafistes ont pénétré partout, cela démarre là. Dans un tel environnement international, un individu passera à l'acte suite à une radicalisation, qui est par ailleurs à l'œuvre, au plan global, depuis un siècle.

> « Pour qu'il y ait menace, précise l'expert de l'ESISC, il ne suffit pas que des gens adhèrent à cette idéologie, qu'ils vivent leur religion d'une manière extrême. Qu'ils estiment que pour être un bon croyant, il faut une observation radicale des lois religieuses. Si cela reste une démarche individuelle – je voile ma femme et mes filles, j'exige des lieux de prière sur mon lieu de travail, je refuse de serrer la main d'une femme ou de travailler sous ses ordres ou même avec elle, etc. –, c'est certainement asocial, mais ce n'est pas menaçant du point de vue strictement sécuritaire. Mais si les revendications deviennent plus radicales, on change de registre. Et il faut bien être conscient que la menace dont nous parlons est sunnite. Par définition, les chiites ne sont pas concernés par le salafisme qui est une maladie de l'islam sunnite, largement facilitée par le fait que ces derniers ne se reconnaissent aucun "clergé", aucune autorité supérieure. »

Et Claude Moniquet de préciser sa pensée :

> « La grande majorité des musulmans ne posent donc aucun problème par rapport à leur manière de vivre l'islam. Qu'ils soient religieux – en gardant leur foi dans la sphère privée, comme évoqué plus haut – ou qu'ils se disent simplement de culture musulmane. Ensuite, une minorité va se radicaliser. Ceux-là sont déjà dans une action politique de revendication et de prosélytisme, par exemple sur le lieu de travail ou dans les partis politiques. Ils peuvent représenter une menace au vivre ensemble. Parmi eux, une minorité va aller encore plus loin et rentrer dans une démarche de violence et/ou de terrorisme. Cela fait 10 à 15 ans qu'on s'intéresse vraiment à la radicalisation. Différents processus existent. Parfois ce sont des voyous, parfois des jeunes désœuvrés, mais parfois aussi, ce sont des intellectuels. J'ai connu des "Bac + 6" et des doctorants qui ont été condamnés pour faits de terrorisme en Europe. Certains se radicalisent exclusivement par la force des idées, d'autres parce qu'ils se sentent victimes d'un rejet, exclus, parce qu'ils sont musulmans et décident de combattre ceux qui, pensent-ils, les écrasent. »

Il y a une vingtaine d'années, le terrorisme islamiste ciblait les États-Unis ou l'Europe, il était importé du Moyen-Orient ou d'Afrique du Nord pour commettre des attentats à l'étranger. Il s'appuyait sur une logistique et était exécuté par des gens âgés en moyenne de 28 à 40 ans, avec un pivot à 30-35 ans, venant souvent de familles aisées et ayant reçu, pour certains, une très bonne éducation. Dix ans plus tard, le djihadiste a rajeuni, il a entre 18 et 22 ans (parfois même 15-16 ans) et il est beaucoup moins éduqué. Ce terrorisme n'est plus d'importation mais d'exportation, avec des milliers de jeunes Européens qui partent combattre en Syrie et ailleurs ou tentent de le faire. De plus, le jeune djihadiste européen a des comptes à régler, il est salafiste et radicalisé, certes, ses actes sont souvent inspirés par l'État islamique, mais il règle également des comptes personnels. Il va par exemple décapiter son employeur, ou projeter un attentat contre la base d'où il a été renvoyé ou, comme à Verviers, prévoir l'attentat à commettre en visant un commissariat de quartier avec lequel il a eu maille à partir. Il s'agit donc d'un dangereux mélange d'idéologie et de motifs personnels. C'est un cocktail explosif, parce que les frustrations personnelles de l'individu jouent un rôle aussi important que les idées radicales et nourrissent la haine qu'il voue à la société. Mais cela n'a rien de typiquement belge. Il existe une différence entre le monde « non occidental » et le monde « occidental », et au sein de ce dernier, c'est un peu partout le même schéma que l'on va retrouver.

Pour ce qui est de l'antisémitisme au sein du terrorisme, Claude Moniquet explique que dans le Coran, on trouve des éléments positifs et d'autres hostiles aux Juifs, qui représentent l'ennemi. Ce sont ces derniers que les salafistes vont systématiquement identifier et choisir comme références pour leur opposition aux Juifs et à Israël, avec un glissement de l'un à l'autre qui mène directement du combat contre le « sionisme » à l'agression contre les Juifs. On peut citer comme exemple l'épicerie Hyper Cacher où les motivations exprimées par Coulibaly reprennent la lutte contre le sionisme et Israël. Mais également l'attentat « multicibles » de Bombay[99] ou l'attaque

99 Les attaques à Bombay qui ont lieu en novembre 2008 visent deux hôtels, un restaurant, l'hôpital Cama, un centre communautaire juif loubavitch et un siège de police. 166 personnes sont tuées, dont le rabbin Holtzberg et sa femme, et plusieurs personnes sont torturées et assassinées. Au siège de la police, trois hauts fonctionnaires, dont le chef de la Brigade de lutte contre le terrorisme, sont tués. Plus de 300 autres personnes sont blessées.

à la grenade d'une épicerie juive de Sarcelles, en septembre 2012[100].

L'antisémitisme dans lequel baignent les jeunes salafistes européens réunit différents critères, dont la jalousie communautaire (« ils » ont réussi, pas « nous »), le sentiment pro-palestinien ou encore l'idéologie « complotiste » (les Juifs « qui dirigent la politique et les médias » nous exploitent...).

La solution ?

> « C'est difficile, constate Claude Moniquet, il faut revenir aux valeurs et aux normes : d'abord se centrer sur une meilleure éducation. C'est-à-dire dans les écoles former des gamins sans frustrations, en osant aborder les problèmes et confronter les sujets sensibles : les cours sur la reproduction, la biologie, l'égalité hommes-femmes, le Moyen-Orient, la Shoah et le négationnisme. Dans certaines écoles de Bruxelles, de la banlieue d'Anvers ou de Verviers, on ne peut plus enseigner ces matières. Les enseignants ont abdiqué. Or, le laisser-faire mène à l'ignorance, au complotisme et à la construction de la haine. Sans une volonté politique forte, on ne va pas pouvoir résoudre cela. Ensuite, développer un discours clair sur les valeurs de l'Occident et les racines judéo-chrétiennes de l'Europe, ce qui n'est nullement exclusif des autres religions, mais leur permet au contraire de trouver leur place. Enfin, il faut que ces valeurs soient respectées,

100 Le 19 septembre 2012, une grenade explose dans une épicerie juive de Sarcelles (Val-d'Oise). Quelques jours plus tard, le RAID arrête une douzaine de membres d'un réseau salafiste formé à 75 % de convertis qui souhaitaient partir pour la Syrie. Pour eux, attaquer une épicerie juive de la banlieue parisienne était une manière de témoigner de leur zèle pro-israélien.

que l'on y adhère. Et si ce n'est pas le cas, il faut sanctionner. Et je parle de tous les actes d'agressions contre les femmes, l'homophobie, l'antisémitisme, le racisme anti-immigrés, etc. Ces dérives doivent être sanctionnées dès le premier faux pas et de manière exemplaire, sinon rien ne changera. »

5.
Musulman et antisémite ?

Que ce soit par des chefs d'États arabes, à la tribune de l'ONU ou sur des chaînes de télévision dans de nombreux pays du Moyen-Orient ou du Golfe ; que ce soit par des imams qui prêchent la haine dans les mosquées, y compris en Europe et en Belgique, par des islamistes militants ou par des musulmans en rue et à l'école, les Juifs sont désormais attaqués, insultés ou menacés. Souvent, dans les discours, ils ne font même plus (semblant de faire) de distinction entre Juifs et Israéliens.

Pourtant, comme le rappelle Daniel Pipes dans un article de 1981[101], si les notions de « complot juif » sont au départ étrangères à l'islam, elles sont maintenant le plus souvent entendues comme venant de musulmans. Comment ce changement s'est-il produit ? Quelle importance cela revêt-il au sein de notre société aujourd'hui ? C'est ce que nous allons tenter de décrypter.

101 Daniel Pipes, « La politique de l'antisémitisme musulman », *Commentary*, août 1981. Version originale anglaise : "The Politics of Muslim Anti-Semitism". Traduction française : Anne-Marie Delcambre de Champvert.

L'antijudaïsme musulman

Pour Daniel Pipes[102], les choses sont complexes et son point de vue évolue dans ses écrits. Il existe selon lui deux manières de comprendre l'antisémitisme dans le monde musulman. La première approche consiste à considérer que l'antisémitisme existe depuis longtemps dans l'Islam et constitue un élément permanent de la religion musulmane. La seconde approche consiste à le voir comme une importation de l'Europe chrétienne.

Il associe cette seconde thèse à Bernard Lewis[103]. Selon ce point de vue, l'antisémitisme musulman est relativement superficiel. C'est un outil, un instrument à utiliser contre Israël et les Juifs. Il serait né dans le cadre du conflit israélo-arabe, en particulier avec Gamal Abdel Nasser en Égypte dans les années 1950, et il ne durera que tant qu'il sera utile.

Pour les tenants de cette approche, explique Pipes, les Juifs ont eu la chance d'être à la fois peu significatifs et peu en vue dans les pays musulmans : ils y étaient une minorité parmi d'autres, n'ayant jamais réellement pénétré la conscience musulmane.

Toutefois, pour certains, l'antisémitisme musulman remonte loin dans le temps : le premier massacre des Juifs à Médine[104] a lieu en

102 Daniel Pipes, « Le nouvel antisémitisme », *My Brother's Keeper*, 1992. Version originale anglaise : "The new Anti-Semitism". Traduction française : Anne-Marie Delcambre de Champvert.

103 Historien et professeur émérite britannique, spécialiste de la Turquie, il a publié de nombreux ouvrages sur le monde musulman.

104 Les Banu Qurayza, tribu juive de Médine, dont les femmes et les enfants furent vendus pour beaucoup aux Juifs de Banu Nadir à Khaybar, qui devint le symbole de la victoire musulmane sur les Juifs.

627. Pour Tareq Oubrou[105], tout comme pour Ismaël Saïdi, l'histoire des tribus juives de Médine doit cependant être lue avec précaution. Même si ces événements sont devenus pour de nombreux musulmans une illustration des difficultés de traiter avec les Juifs, générant stéréotypes et préjugés réciproques[106], il faut se rappeler que l'origine du conflit est surtout géostratégique. Et tenter d'éviter de surévaluer sa dimension religieuse et d'en tirer des conclusions trop définitives quant au rapport entre le Prophète et les communautés juives.

Un statut de « dhimmi »

En terre musulmane, quoique préférables à ce qu'elles étaient en Europe à la même période, les conditions de vie des Juifs n'en étaient pas moins très dures. Malgré des récits destinés à adoucir l'histoire de la cohabitation entre Juifs et musulmans, l'entente idéale n'a jamais réellement existé. Les juifs – comme les chrétiens et les autres minorités religieuses – vivaient sous le statut précaire de « dhimmi », qui pouvait à tout moment basculer dans la détestation suivie de violences.

À Bagdad, par exemple, comme dans d'autres régions, les Juifs devaient porter un insigne et un couvre-chef distinctif. Des milliers de Juifs furent tués dans des pogroms organisés à Grenade en 1066[107] ou à Fez[108] en 1465 et en 1790. Des

105 Écrivain et imam français né au Maroc, recteur de la grande mosquée de Bordeaux. Il est connu pour ses prises de position publiques en faveur d'un islam libéral. Selon lui, le Coran serait mal interprété.

106 Cédric Baylocq, « Relations judéo-musulmanes : dépasser le conflit des origines ? », entretien avec Tareq Oubrou, publié sur http://iqbal.hypothèse.org le 31 décembre 2013.

107 Richard Gottheil et Meyer Kayserling, "Granada", *in Jewish Encyclopedia*, publié sur www.jewishencyclopedia.com.

108 « Pogroms de Fez, 17 avril 1912 : échos d'une coexistence pacifique ? », publié sur http://observatoiredumoyenorient.blogspot.be le 18 avril 2012.

communautés juives furent converties de force, chassées, des synagogues détruites et de nouveaux pogroms eurent lieu à la fin du XVIIIe siècle et au début du XIXe, principalement en Afrique du Nord.

Les non-musulmans, « dhimmis » (personnes protégées), avaient le droit de pratiquer leur religion, mais non ostensiblement, devaient s'acquitter d'un impôt spécial et étaient soumis à toutes sortes de restrictions. Ils ne pouvaient être fonctionnaires ni porter d'armes. Les Juifs dans la rue devaient céder la place aux musulmans. Il leur était interdit de monter à cheval ou à chameau. S'ils acceptaient ce statut, les Juifs étaient tolérés, ce qui n'empêchait guère l'antisémitisme[109]. Toutefois, là aussi, pour Tareq Oubrou comme pour Ismaël Saïdi, l'interprétation diffère sur la signification de la « dhimma ». Pour eux, la taxe (la *jizya*), impôt que les Juifs et les chrétiens devaient verser aux musulmans, n'était autre qu'une contribution à la vie sociale et politique de la communauté nationale dont ils étaient membres (par opposition à la communauté religieuse). Selon eux, la *jizya* pourrait même être interprétée comme une tolérance religieuse de part de l'islam. Quant à certaines formes historiques et sociologiques qu'a pu prendre la notion de « dhimmitude » et qui peuvent nous choquer aujourd'hui, Tareq Oubrou estime qu'elles ne faisaient qu'obéir à la culture internationale de ces époques, qui n'était pas une spécificité des musulmans.

« On invoque souvent le statut humiliant de "dhimmi", explique-t-il dans un entretien avec Cédric Baylocq, et nous venons de voir qu'il n'en était rien dans les principes. Mais il faudrait reconnaître parallèlement qu'en dépit des considérations théologico-canoniques qui étaient une avancée par rap-

109 Walter Laqueur, *L'antisémitisme dans tous ses états*, Éditions Markus Haller, 2010, p. 241.

port à ces époques, ce statut a été historiquement souvent mal compris et mal appliqué[110]. »

Daniel Pipes explique d'ailleurs que cette tolérance autorisée n'avait pas d'équivalent chrétien. Sous l'islam, les Juifs étaient certes des citoyens de seconde classe, mais ils faisaient partie du paysage juridique. Par contraste, leurs habitudes alimentaires différentes, leurs vêtements et une préférence pour la vie à l'écart les rendaient étrangers en Europe. Les musulmans ayant des habitudes alimentaires comparables tolérèrent par contre les Juifs comme une minorité parmi d'autres – non menaçante et vivant de manière relativement familière. C'est pourquoi les Juifs auraient peu attiré l'intérêt des musulmans.

Bat Ye'or[111], qui est plus tranchée, affirme au contraire que s'il y eut des périodes de tolérance dont profitèrent les « dhimmis », elles demeurent circonstancielles, liées à des conjonctures politiques temporaires dont la disparition provoqua le retour à une répression accrue.

Le XIXe siècle

Les comportements des musulmans envers les Juifs ont évolué dans leur nature, et ce changement a commencé au XIXe siècle. Les chrétiens du Moyen-Orient tout comme les Européens vivant dans la région ont joué un rôle déterminant dans la

110 Cédric Baylocq, « Relations judéo-musulmanes : dépasser le conflit des origines ? », *op. cit.*

111 Bat Ye'or est une essayiste spécialiste des minorités religieuses dans le monde islamique. Elle a forgé le terme « dhimmitude » pour désigner le statut cruel des minorités non musulmanes – dhimmis – dans les pays islamiques ou en « terre d'islam ».

transmission de l'antisémitisme aux musulmans. En effet, sa forme moderne n'apparaît qu'à cette période. L'accusation de meurtre rituel, existant chez les chrétiens, était inconnue des musulmans jusqu'à l'affaire de Damas, en 1840[112]. À partir de cette date commencèrent les accusations de crime rituel à l'encontre des Juifs dans l'Empire ottoman, notamment en Algérie en 1897 ou au Caire en 1901[113].

Depuis les émeutes de 1391 en Catalogne et après l'expulsion de 1492 et l'Inquisition des Rois catholiques, nombre de Juifs s'établirent à Alger qui devint au XVe siècle un grand centre rabbinique. En 1830, les Juifs y avaient un mode de vie très comparable à celui des Arabes.

Après la colonisation française, la liberté religieuse fut instaurée et la dhimma abolie : les Juifs devinrent égaux aux musulmans. Ils devinrent même citoyens français (au contraire des autochtones musulmans) à la suite du décret Crémieux de 1870, et assistèrent les autorités sur le plan local. Quand la colonisation prit fin, les Juifs se trouvèrent confrontés à une colère accumulée pendant des décennies, n'ayant souvent d'autre recours, lors du retrait des Français d'Algérie en 1962, que de fuir. Leur exil mit fin à plus de 2 000 ans de présence en terre algérienne.

En 1860, le statut de « dhimmi » fut également officiellement aboli dans l'Empire ottoman, sous la pression des puissances européennes, mais en réalité il se maintint sous une forme

112 En février 1840, suite à la disparition à Damas du Père Thomas, moine capucin, les juifs sont accusés de meurtre rituel par le consul de France Ratti-Menton, qui se saisit de l'affaire et conclut rapidement à la culpabilité des accusés, conduisant à l'emprisonnement, à la torture et à la mort de nombreux Juifs de Damas. L'affaire est suivie par des souffrances similaires dans toute la Méditerranée orientale.

113 Walter Laqueur, *L'antisémitisme dans tous ses états*, *op. cit.*, p. 245.

atténuée, compte tenu des résistances populaires et religieuses. Mais hors de l'Empire ottoman, en Iran, en Afghanistan, dans l'Asie musulmane et au Maghreb, le statut de « dhimmi » se perpétua sous des formes beaucoup plus sévères jusqu'à la colonisation. En Iran, la dynastie Pahlavi tenta de l'abolir et d'instituer l'égalité religieuse. Ce fut aussi l'une des raisons de l'impopularité du Shah dans les milieux religieux[114].

Au Yémen, où le statut des Juifs était parmi les plus sévères, seule la protection, mais non le droit, permettait l'existence des Juifs. Résignés, ils subissaient un despotisme déshumanisant, leur espoir résidant dans leur libération pour l'exil[115].

De Juif dhimmi à Israélien : la colère arabe

Selon la tradition juive, la région que l'on appelle Palestine fut sous domination israélite du début du XIIe siècle avant Jésus-Christ à 587 après Jésus-Christ.

Ensuite, les communautés juives se dispersèrent dans tout le Moyen-Orient. Ainsi, avant la création de l'État d'Israël (1947-1948), plus de 900 000 Juifs vivaient dans tous les pays du monde arabe.

Entre 1948 et 1958, ces 900 000 Juifs furent chassés ou s'enfuirent des pays arabes du Moyen-Orient et d'Afrique du Nord : 265 000 du Maroc, 140 000 d'Algérie, 135 000 d'Irak, 105 000 de Tunisie, 75 000 d'Égypte, 55 000 du Yémen, 38 000 de Libye et 30 000 de Syrie. Ils furent tous déchus

114 Véronique Chemla, « Interview de Bat Ye'or sur la dhimmitude », publié sur www.veroniquechemla.info le 9 mars 2015.

115 *Ibid.*

de leur citoyenneté et souvent spoliés de leurs biens[116]. Près de 650 000 émigrèrent de ces pays arabes vers Israël. Aucune aide internationale ne leur fut accordée pour leur permettre de s'intégrer dans leurs pays d'accueil. Ils reçurent le soutien et la solidarité des seules communautés juives pour refaire leur vie après l'expulsion. Aujourd'hui, la présence millénaire des Juifs a quasiment disparu du monde arabe.

La création de l'État d'Israël en 1948 a donc été un choc, un événement traumatique pour les Arabes, puisque les Juifs s'étaient débarrassés de leur statut de « dhimmi » et avaient conquis une partie de ce qu'ils considéraient comme patrimoine musulman. Familiers de la culture européenne chrétienne, réceptifs à des théories de conspiration, contrariés par la réussite économique juive, indignés par la création d'Israël, de nombreux États arabes musulmans se tournèrent vers l'antisémitisme[117]. Parallèlement, les guerres arabes contre Israël provoquèrent des pogroms dans tous les pays arabes.

Dans ce conflit judéo-arabe en Palestine se mêlaient donc déjà des ressorts culturels, politiques (minorité en pays arabe) et religieux[118]. En 1954, Gamal Abdel Nasser s'empara du pouvoir en Égypte, et sous ses auspices, un certain nombre d'ouvrages antisémites furent traduits en arabe et diffusés dans l'ensemble du monde arabe. *Les Protocoles des Sages de Sion* fut publié en neuf éditions distinctes dans les années 1950 et 1960 et devint un best-seller dans le monde arabo-musulman.

116 CICAD – Coordination intercommunautaire contre l'antisémitisme et la diffamation en Suisse. « Questions et Réponses sur le conflit israélo-arabe » sur www.cicad.ch.

117 Daniel Pipes, « La politique de l'antisémitisme musulman », *op. cit.*

118 Myriam Charbit, *La revanche d'une identité ethno-religieuse en Israël : la percée du parti Shas entre construction identitaire sépharade-haredi et dynamiques clientélistes*, Université Montesquieu – Bordeaux IV, 2003.

Comme signalé dans une note[119] lors de la 59e session de la Commission des droits de l'homme en 2002, ces *Protocoles* continuent à ce jour d'alimenter l'antisémitisme, très présent dans ces pays.

Les nazis ont également largement contribué au développement de l'antisémitisme dans le monde musulman. Si Nasser accueillit en Égypte et dans son gouvernement des criminels nazis, ces derniers y établirent des liens politiques étroits ainsi qu'en Palestine – avec le fanatisme haineux fomenté par les Frères musulmans et le Grand Mufti de Jérusalem, Al-Husseini –, en Irak, en Iran et ailleurs. Le parrainage nazi de l'antisémitisme en fit clairement une idéologie vivante dans le monde arabe.

Dans sa préface du livre[120] de Matthias Küntzel, Pierre-André Taguieff explique que pour l'auteur, « l'appel au djihad contre les Juifs est en effet au centre de l'islamisme radical. C'est la diabolisation des Juifs qui structure la vision islamiste du monde, et s'accompagne du culte de la mort en "martyr". Il suffit pour s'en convaincre de lire l'opuscule de Sayyid Qutb, *Notre combat contre les Juifs* (début des années 1950), ou la charte du Hamas (18 août 1988), notamment son article 7 appelant à préparer chaque Palestinien "à la lutte armée et au sacrifice de ses biens et de sa vie". Küntzel montre comment les principaux éléments de ce couplage doctrinal ont été réinvestis dans

119 René Wadlow et David G. Littman, « Antisémitisme religieux, arabe et islamiste comme un phénomène croissant : *Les Protocoles des Sages de Sion* projeté pendant le ramadan à la TV égyptienne », exposé lors de la 59e session de la Commission des droits de l'homme. Le rapport est disponible sur www.unhchr.ch. Les deux auteurs sont représentants de l'Association pour l'éducation d'un point de vue mondial auprès de l'Office des Nations unies à Genève.

120 Pierre-André Taguieff, préface à Matthias Küntzel, *Jihad et haine des juifs, le lien troublant entre islamisme et nazisme à la racine du terrorisme international*, L'Œuvre Éditions, 2009.

la guerre contre Israël et le “sionisme” – fantasmé dans une perspective conspirationniste comme le “sionisme mondial”. Il explore enfin l’espace de l’islamisme radical des années 1990 et 2000, où l’on rencontre divers héritages de l’idéologie djihadiste antijuive, du réseau Al-Qaïda au Hezbollah libanais, sans oublier la dictature islamiste établie en Iran, où règne une judéophobie d’État ».

L’antisémitisme alimente l’obsession d’Israël dans le monde arabe

Dans une large mesure, l’antisémitisme arabe, et plus généralement musulman, a donc été renforcé par les hostilités avec Israël – il ne les a pas causées. Le conflit politique et territorial seul ne suffit pas à rendre compte du rôle dominant d’Israël dans la vie politique arabe depuis lors. L’explication se trouve bien dans l’antisémitisme, explique Daniel Pipes[121] :

« L’obsession des Arabes pour Israël au cours des trente dernières années dépend pour son maintien du fonds d’idées antisémites importé de l’Europe chrétienne. Sans cette idéologie, les Arabes ne pouvaient pas maintenir leur opposition à son comble tel qu’ils l’ont fait. Tandis que l’hostilité à Israël a des racines autochtones, sa transformation en cause arabe dominante a toujours dépendu de la disponibilité d’une idéologie antisémite. N’ayant pas une telle idéologie qui leur soit propre, les musulmans ont emprunté celle inventée par les chrétiens.

À l’heure qu’il est, la plupart des principales caractéristiques de l’antisémitisme chrétien ont été complètement absorbées dans le monde arabo-musulman. Les Juifs ne sont plus simplement une autre minorité au Moyen-Orient – ils sont soudainement

121 Daniel Pipes, « La politique de l’antisémitisme musulman », *op. cit.*

aussi visibles qu'ils l'ont été pendant des siècles en Europe. Les rumeurs de diffamation sanglante et de cabales ont acquis une large couverture médiatique, des caricatures désagréables de Juifs remplissent la presse arabe et les manuels scolaires, des propos inconsidérés sur l'exploitation économique juive ne sont pas contestés. »

Le boom pétrolier des années 1970 amplifie encore le phénomène et octroie une dimension internationale à cet antisémitisme qui dépasse désormais largement les pays du Moyen-Orient. Grâce à leurs richesses pétrolières, des États arabes achètent les moyens de répandre des calomnies sur les Juifs dans le monde entier[122]. Et l'influence de l'hostilité envers Israël ne tarde pas à se concrétiser : ce dernier devient rapidement un paria, l'État de trop dans la politique et la diplomatie internationale, responsable de tous les maux sur Terre. Parmi tous les pays, c'est celui qui reçoit le plus de condamnations de la part l'Organisation des Nations unies.

Si le monde occidental emboîte le pas aux pays arabes, c'est également le cas d'autres pays musulmans, même ceux où aucun Juif ne vit. Quelques exemples[123] : une analyse des nouvelles du Pakistan repère des propos tels que « les Juifs sont connus pour enlever des enfants chrétiens, les torturer et les tuer ». Quand des extrémistes musulmans en Indonésie détournent un avion de ligne, une de leurs revendications est l'expulsion de tous les « agents juifs ». La Malaisie se distingue comme un foyer d'antisémitisme. Un leader politique malaisien annonce une « journée anti-Juifs » en 1986, « notre volonté [étant] de détruire les Juifs ».

122 Daniel Pipes, « La politique de l'antisémitisme musulman », *op. cit.*
123 *Ibid.*

Comment s'alimente cet antisémitisme aujourd'hui, chez nous ?

Cet antisémitisme importé de la religion musulmane, de l'histoire et du conflit au Moyen-Orient génère des comportements violents, virulents, répétés en Europe et chez nous en Belgique. L'exposition constante à des discours négationnistes de la Shoah et à un antisionisme exacerbé entraîne jeunes et moins jeunes vers les insultes, les menaces et parfois les assassinats.

L'antisémitisme répandu dans notre pays et en Europe parmi les jeunes musulmans est-il lié à la religion ou politique ? Répond-il à des prescrits religieux, à l'importation du conflit ou aux deux ? Est-il différent de la haine des Juifs présente au sein de la population en général ? Autant de questions que l'on se pose avec la dégradation de la situation, en particulier après le quadruple meurtre du Musée juif. D'où vient cette haine et qu'est-ce qui l'alimente au quotidien ?

Le Dr Günther Jikeli[124] est un chercheur travaillant sur les questions d'antisémitisme. Il a mené 117 entretiens auprès de jeunes musulmans, âgés en moyenne de 19 ans, à Paris, Berlin et Londres. « La majorité a fait part de certains sentiments antisémites, avec plus ou moins de virulence. Ils expriment ouvertement leurs points de vue négatifs envers les Juifs. C'est souvent dit avec agressivité et parfois, ces

124 Chercheur au Centre Kantor de l'Université de Tel-Aviv, lauréat du prix Raul Wallenberg. De 2011 à 2012, il a été conseiller de l'OSCE-ODIHR (Office des institutions démocratiques et des droits de l'homme) sur les sujets de lutte contre l'antisémitisme. Son livre *L'Antisémitisme et autres observations sur la discrimination parmi les jeunes musulmans en Europe*, rédigé en allemand, expose le fruit de ses recherches.

prises de position incluent des intentions de commettre des actes antisémites[125]. »

Les théories conspirationnistes et les stéréotypes qui associent les Juifs à l'argent sont les plus fréquents. Günther Jikeli ajoute : « Ces stéréotypes archétypaux renforcent une image négative et potentiellement menaçante "des Juifs", dans la mentalité de ces jeunes. L'expression "les Juifs tuent des enfants" est aussi fréquemment entendue. C'est un argument qui sert de clé de voûte pour renforcer leur opinion qu'Israël est fondamentalement malfaisant. Puisqu'ils ne font aucune distinction entre Israéliens et Juifs en général, cela devient une preuve supplémentaire du "caractère foncièrement cruel" des Juifs. Et c'est aussi ce qui les rend particulièrement émotifs. Ils proclament souvent que les Juifs ont volé les terres des Arabes palestiniens ou, alternativement, des musulmans. »

Selon cette étude, si quelqu'un est juif, c'est une raison suffisante pour susciter la répugnance de ces jeunes, et un grand nombre d'entre eux expriment le désir d'attaquer physiquement les Juifs lorsqu'ils en rencontrent dans leurs quartiers.

Et le chercheur de pointer qu'« il existe aussi, heureusement, de jeunes musulmans qui prennent leurs distances avec l'antisémitisme. Ce qui prouve, si besoin en était, qu'il ne faut jamais généraliser, au risque d'exacerber les choses. De plus, conclut Jikeli, chez ces jeunes musulmans, l'antisémitisme peut encore être renforcé en se référant à une attitude générale négative, portée par la communauté musulmane envers les Juifs. Les références au Coran ou aux Hadiths peuvent être utilisées avec pour implication que Dieu lui-même serait d'accord avec ce point de vue. »

125 Manfred Gerstenfeld, « Mythes et réalité de l'Antisémitisme musulman en Europe », entretien avec Günther Jikeli, publié sur Israelmagazine.co.il le 3 février 2013.

« L'enracinement du nouvel antisémitisme »

En Belgique, très peu d'études éclairent les comportements antisémites des musulmans. L'étude « Jong in Brussel » de la plate-forme Onderzoek Jeugd, réalisée par le sociologue Mark Elchardus de la VUB en mai 2011, a mis en évidence un antisémitisme très important parmi les élèves bruxellois de confession musulmane dans l'enseignement néerlandophone. Ils semblent atteints du même mal qui ronge la jeunesse française des banlieues.

Dans un rapport qu'il transmet à Manuel Valls[126], le député socialiste Malek Boutih décrit « une jeunesse frustrée, prête à basculer ». Il craint que la dérive islamiste en France ne se transforme en phénomène de masse. Ce rapport concerne avant tout les comportements d'une partie de la jeunesse française, sachant que près de 65 % des individus impliqués dans les filières djihadistes ont moins de 25 ans. Mais au-delà de cette problématique, le député pointe un nouveau marqueur, « l'enracinement d'un nouvel antisémitisme », qu'il considère comme particulièrement inquiétant.

« Dans les quartiers, le discours du "deux poids deux mesures", entre des Juifs qui seraient insérés et protégés et des musulmans au contraire stigmatisés et marginalisés socialement, a rencontré un large écho, écrit le député. Les vieux préjugés sur les Juifs qui seraient partout, tirant les ficelles du monde de la finance et des médias sont de retour. De façon remarquable, ils sont très largement répandus chez les jeunes aujourd'hui alors que cela aurait été inenvisageable il y a encore une vingtaine d'années. »

126 Marie-Amélie Lombard, « Djihadisme : le cri d'alarme de Malek Boutih », *Le Figaro*, 2 juillet 2015.

En France, on prend le problème au sérieux et différentes études et sondages sont réalisés. Mais comment mesurer cet antisémitisme grandissant ? L'étude sur « l'antisémitisme dans l'opinion publique française »[127] rendue publique le vendredi 14 novembre 2014 se fonde sur deux sondages menés par l'IFOP, qui réalise des sondages d'opinion et des études marketing[128]. L'objectif est de tester l'hypothèse soutenue en 2004 par Jean-Christophe Rufin dans son rapport sur la lutte contre le racisme et l'antisémitisme, selon laquelle la part de l'extrême droite dans les violences antisémites recule au « profit » d'une frange issue de l'immigration. La pluralité des questions permet d'évaluer l'intensité de l'antisémitisme exprimé.

Seuls 17 % des personnes issues de famille musulmane ne partagent aucun des préjugés contre les Juifs cités dans l'étude, contre 53 % dans la population globale (59 % des femmes et 47 % des hommes). « Les musulmans sont deux à trois fois plus nombreux que la moyenne à partager des préjugés contre les Juifs, note Dominique Reynié, et cela d'autant plus qu'ils se déclarent pratiquants. Mais en réponse à certaines questions, ils témoignent d'opinions moins hostiles aux Juifs que les proches du Front national. »

Au Maroc, le mot « juif » a toujours été une insulte

Auteur, metteur en scène et réalisateur belge de films et de pièces de théâtre, Ismaël Saïdi est un ancien policier devenu scénariste. Il a réalisé plusieurs courts et longs métrages. *Djihad* est une pièce à succès qui fait rire et surtout nourrit le débat. Il cite Karl Marx et Gandhi, démystifie le conflit,

127 Une enquête de la Fondation pour l'innovation politique (Fondapol).

128 Dans la société française, « les opinions antisémites atteignent une haute intensité ». Cécile Chambraud dans *Le Monde*, le 14 novembre 2014.

se dit féministe, condamne les prêches antisémites et l'ingérence étrangère. Il parle cash. Une rencontre avec lui fait réfléchir.

Je lui explique mon projet, mes motivations, pourquoi je lui ai demandé cette interview. Et il démarre, très vite, très fort : il a répondu positivement à cette interview, car il appartient à ces jeunes musulmans en rupture générationnelle. Il n'est pas un immigré, il est né ici. Ses références sont dans ce pays. La fracture ? Il la vit. Il parle de l'antisémitisme chez les Beurs, de culture musulmane, sans appréhension.

Y a-t-il une recrudescence de l'antisémitisme ?

> « Sans doute, mais il a toujours été là, présent, il est surtout plus visible aujourd'hui. Les musulmans parlent plus fort qu'avant. »

Il est d'accord pour dire que l'entente au Maroc a été fort idéalisée, considérée par certains comme un paradis perdu.

> « Ils ont vécu en paix parce qu'on ne les tuait pas, qu'on ne les agressait pas, mais le mot "juif" a toujours été une insulte. On peut, il faut dire haut et fort qu'il ne faut pas importer le conflit du Moyen-Orient, mais il n'est pas à l'origine du problème : c'est un amplificateur de cet antisémitisme », explique-t-il.

Selon lui, les politiques se trompent s'ils n'ont pas compris cela, et ce faisant, ils sont coupables de non-assistance à personne en danger. Vis-à-vis des Juifs, car ils sont menacés, mais vis-à-vis des musulmans aussi, car de ce fait ils ne se rendent plus compte quand il y a racisme.

L'antisionisme ? Il n'est pas encore punissable ! Ismaël Saïdi a voulu comprendre de quoi il s'agit. Il a vérifié la définition du terme :

> « Si j'ai bien compris, il s'agit d'une volonté politique (ou non) pour les Juifs d'avoir un foyer et de vivre en sécurité dans un pays dont ils sont originaires. Si c'est cela le sionisme, en effet, 90 % des Juifs sont sionistes. Si 90 % des Juifs sont sionistes et que je refuse l'existence de cet État, alors je suis antisioniste. Et si je suis antisioniste selon cette définition, je suis anti-Juifs. Donc, si une personne dit je ne suis pas antisémite, je suis antisioniste, il ne sait pas ce qu'il dit ! »

Et de répéter que le conflit israélo-palestinien n'est pas à l'origine de l'antisémitisme musulman, qu'il l'amplifie et que dès lors, il faut séparer les deux. Car l'antisémitisme existait bien avant la création d'Israël, avant 1948.

En même temps, c'est important pour lui, de préciser que l'antisémitisme musulman est récent dans l'histoire, qu'il n'est pas institutionnalisé par le Coran. Il a été importé par le christianisme et les colonisateurs. Pour lui, la dhimma a été mal comprise.

> « Elle n'existait pas au début du temps du Prophète, elle est venue par la suite, mais pas pour mettre les Juifs en situation de discrimination, pour les protéger. » Et d'expliquer encore : « Les jeunes aujourd'hui mélangent tout : l'antisémitisme qui date de la colonisation, cumulée à une rancœur postcoloniale et qui a été distillée par l'Arabie saoudite comme si elle faisait partie intégrante de la religion. »

Saïdi nous rappelle ceci :

> « L'islam a deux sources. Le Coran, où sont reprises les lois génériques, qui est inviolable, et la Sunna, qui rassemble les recherches sur la vie du Prophète, sur les sources de la Loi. Ce sont des choses rapportées plusieurs siècles plus tard dont certaines ont été injectées que l'on peut modifier.
>
> Là, on trouve tout et son contraire. Et l'antisémitisme vient de là et de l'ignorance. Par exemple dans le chapitre de "la table servie" cité dans le Coran[129], qui dit "Dieu a maudit le peuple d'Israël". Ainsi présenté, c'est sorti du contexte. Il parle de ceux qui ont refusé d'obéir à un moment donné parmi les enfants d'Israël, dont les musulmans, toujours d'après le Coran, sont eux-mêmes descendants, pas de tous les Juifs. Les "Juifs sont maudits" est donc un raccourci que l'on présente comme tel aux jeunes en perte identitaire et qui cherchent des coupables à leur échec. Avec le conflit au Moyen-Orient d'une part et les Juifs d'autre part, c'est facile à réunir et ainsi présenté, le Juif devient l'ennemi. »

129 « Et Dieu certes prit l'engagement des enfants d'Israël. Nous nommâmes douze chefs d'entre eux. Et Dieu dit : "Je suis avec vous, pourvu que vous accomplissiez la prière, acquittiez l'aumône, croyiez en Mes messagers, les aidiez et fassiez à Dieu un bon prêt [l'aumône]. Alors, certes, j'effacerai vos méfaits, et vous ferai entrer aux Jardins sous lesquels coulent les ruisseaux. Et quiconque parmi vous, après cela, mécroit, s'égare certes du droit chemin !" Et puis, à cause de leur violation de l'engagement, Nous les avons maudits et endurci leurs cœurs : ils détournent les paroles de leur sens et oublient une partie de ce qui leur a été rappelé. Tu ne cesseras de découvrir leur trahison, sauf d'un petit nombre d'entre eux. Pardonne-leur donc et oublie [leurs fautes]. Car Dieu aime, certes, les bienfaisants. » Coran, chapitre 5, - v. 12 et 13.

Il enchaîne rapidement :

> « Alors que du point de vue sociétal, il y a des musulmans en Belgique qui n'ont jamais vu de Juifs, en France c'est différent, même si les choses ne sont pas plus simples pour autant. Il y existait une cohabitation, certains partageaient des problèmes de précarité. Tandis qu'à Bruxelles, les responsables politiques (tous partis confondus) ont une lourde responsabilité dans cette situation car ils ont tout cloisonné. Les musulmans ne rencontrent tout simplement pas les Juifs. »

« Le cocktail est explosif »

Prenons un autre exemple, celui de la Shoah. Il raconte :

> « Dans les écoles, les profs enseignent cette période de l'histoire de manière barbante. Personne n'est intéressé. Comme de surcroît les élèves n'ont jamais vu de Juifs, n'ont pas d'histoire commune, les musulmans ne développent aucune empathie pour cette page d'histoire et la souffrance qui l'accompagne. Ils en ont plus par exemple par rapport à l'esclavage, car ils peuvent s'identifier au petit garçon congolais et projeter sur lui leur douleur ; c'est souvent cela qui crée l'empathie.
>
> Rue du Pavillon à Schaerbeek, il y a une synagogue et une mosquée qui se situent à deux minutes l'une de l'autre. Pendant des années, on a cru que la synagogue était une boîte de nuit : le vendredi et le samedi soir, il y avait des policiers devant l'entrée et ils ne laissaient pas passer les Arabes [rires] ! Rien n'a donc été fait pour mélanger les populations. Du point de vue

> politique, tout a été fait pour les séparer, au contraire, de manière intentionnelle ou non. Le résultat est là, et le cocktail est explosif : on additionne les facteurs de la méconnaissance aux fantasmes sur les Juifs dans l'islam et on y rajoute l'Internet et les chaînes satellitaires qui se sont implantées pour compenser le vide. »

Et de préciser :

> « Avant, il n'y avait pas vraiment de chaînes marocaines. Les gens regardaient donc ces chaînes libanaises, syriennes, etc., qui étaient gratuites et importaient chez nous le rapport catastrophique du monde musulman aux Juifs qui existe ailleurs. La situation du conflit israélo-palestinien se situe au bout de cette chaîne, c'est carrément explosif. Dès lors, il faut régler le problème de l'antisémitisme avant de régler celui du Moyen-Orient ; peut-être même pourrait-on alors aider à résoudre le conflit israélo-palestinien... Pourquoi pas ?
>
> Sinon, c'est une posture criminelle que l'on prend. Dire aux Juifs, ici : attendez, on vous tue ici maintenant, mais on doit d'abord régler le problème là-bas pour que vous puissiez être en sécurité ici ? Cela ne tient pas la route. »

Ismaël Saïdi va plus loin :

> « Je veux dire aussi que le problème israélo-palestinien n'est pas noir ou blanc. Il est géostratégique. Il y a des gens des deux côtés qui veulent la paix. Il faut arrêter de mettre des gens dans des cases, cela ne fait que renforcer les extrémismes des deux camps. Il faut arrêter aussi de déshumaniser les Israéliens qui se battent. Dire

> que l'on est antisioniste, c'est précisément retirer leurs armes aux Israéliens qui sont en faveur d'une solution à deux États, car cela ferait disparaître leur État.
>
> Bruxelles est une petite ville avec un gros problème. Que fait-on ? On attire l'attention sur un autre problème en regardant ailleurs sans nommer les choses ici. C'est criminel pour les Juifs, car on les laisse se faire tuer et on laisse leurs extrêmes prendre le dessus. »

Il est juif, il est « pété de thunes »

Des solutions ? Il a des idées. Les débats qui suivent la pièce *Djihad* l'inspirent. Il parle aux jeunes, ose les confronter, fait passer des messages.

> « Il faut retrouver une identité, une culture commune, les mêmes codes. Comme maintenant, me dit-il, je parle, tu me comprends, tu écris parce qu'on a une identité commune. »

Pour lui, les choses sont claires : il faut revenir à un dénominateur commun. Juifs et musulmans ici sont belges, ils ont une identité commune. Lors de la fin du ramadan[130] et d'un shabbat[131], il a initié une rencontre entre jeunes, juifs et musulmans, pendant deux heures, sans tabou, sans gêne, ils se sont posé plein de questions les uns aux autres et ont partagé leur vécu.

> « Ils ne connaissaient rien du champ social de l'autre. Il faut renforcer cela. Il faut partir de là où ça fonctionne. Recréer le pacte social. Le concept des lumières

130 Voir le lexique.

131 Voir le lexique.

existe partout, y compris dans l'islam et le judaïsme. Les jeunes doivent se l'accaparer. C'est une addition de tous ces courants qui ont abouti aux droits de l'homme. Si on remonte à Grenade ou à Fez où on a pu vivre ensemble, après on peut les emmener à Auschwitz et là, cela créera une empathie. »

Car l'incompréhension et la peur existent.

« J'ai dû expliquer aux jeunes musulmans pourquoi l'armée est nécessaire devant les synagogues et les écoles. Il faut comprendre la peur de l'autre pour pouvoir vivre ensemble, dit-il tout simplement. Et on peut changer les choses, car l'antisémitisme musulman n'est pas une idéologie comme le nazisme. Par exemple, en France, Ilan Halimi[132] a été tué parce que Fofana et sa bande ont pensé que, comme il était juif, il était *pété de thunes*. Pas parce qu'ils voulaient *tuer du Juif* en tant que tel, mais parce que les Juifs sont riches. Il faut donc soigner les stéréotypes et les préjugés, et cela, on peut le faire par l'éducation. Stopper les clichés qui existent de part et d'autre. »

Et Ismaël Saïdi va encore plus loin :

« Il ne faut pas oublier qu'en Belgique, les musulmans sont 20 fois plus nombreux que les Juifs[133] et sont donc devenus une force politique. De là le fait que le droit et l'hu-

132 En janvier 2006, Ilan Jacques Halimi, 23 ans, est enlevé à Paris, séquestré puis sauvagement torturé et assassiné parce que juif par Youssouf Fofana et le « gang des barbares ».

133 La population actuelle des musulmans vivant en Belgique est estimée à 638 000 personnes, selon une étude américaine réalisée par l'institut Pew Forum on Religion and Public Life. La population juive belge est estimée à 35 000 personnes. Source : « 10 % de musulmans en Belgique en 2030 », publié sur Levif.be le 27 janvier 2011.

> manité passent après le clientélisme politique ! Comme pour les Arméniens et les Turcs. Pendant trop longtemps, les politiques ont fermé les yeux, regardé ailleurs, ils ont manqué de courage. Ils ont choisi les voix et décidé de ne pas mettre les musulmans face à leurs contradictions. »

Or, les musulmans sont les premières victimes de cet aveuglement et l'on peut se demander maintenant comment résoudre le problème.

> « C'est une hypocrisie que je refuse comme Belge et comme musulman pratiquant. C'est à nous maintenant de protéger les Juifs de cette situation difficile. Protéger la communauté juive porteuse d'histoire en Europe, témoin du temps. »

La Palestine est devenue l'opium du peuple

Aujourd'hui, la situation s'est fortement dégradée, les choses ont changé avec le terrorisme. Et de citer l'exemple du magasin Hyper Cacher[134] : dans une interview à BFM TV, Coulibaly affirme appartenir non pas à Al-Qaïda, mais à Daesh et assure suivre les instructions du « califat ». Il explique son geste en affirmant défendre les musulmans opprimés, notamment en Palestine. Il précise avoir choisi de s'en prendre à l'épicerie Hyper Cacher parce qu'il cible « des Juifs ».

Alors, qu'est-ce qui a changé ? Qu'est-ce qui déclenche cela ? Pour Saïdi, c'est la ghettoïsation des quartiers et des esprits (effet miroir) qu'il faut condamner. Il rajoute :

134 Le 9 janvier 2015, la prise d'otages à l'Hyper Cacher de la porte de Vincennes, à Paris, coûte la vie à 4 personnes. Amedy Coulibaly, l'auteur des meurtres, est abattu.

> « Il y a des endroits à Bruxelles où les politiques mises en place par les gouvernements successifs – de toutes les tendances politiques – ont des conséquences désastreuses, dévastatrices. Les dégâts qui en découlent sont, pour certains, irrécupérables. Des générations ont ainsi été abandonnées. Ce qui est nouveau maintenant, ce sont les pressions au sein même des communautés musulmanes. C'est devenu une hydre à deux têtes. Il faut lutter contre cela. Le rapport homme-femme est catastrophique, les filles sont mises au ban, rasent les murs. Dans ces pressions internes, il y a aussi le rapport aux Juifs qui existe. »

Et de poursuivre :

> « Dans les prêches du vendredi et les invocations à la fin des prières, les imams rajoutent presque tous et presque toujours, avec plus ou moins de nuances, une phrase qui peut aller jusque : “Il faut protéger nos frères en Palestine de ce que leur font les Juifs, les ennemis de Dieu”. Et donc, à nouveau, le conflit israélo-palestinien amplifie la situation. Car le contexte difficile des Palestiniens n'est bien évidemment pas que de la responsabilité d'Israël, qui est devenu l'exutoire. En d'autres mots, la Palestine représente l'opium du peuple au Moyen-Orient. Certes, il y a des problèmes – c'est incontestable – et la situation est difficile, des enfants sont tués, mais faut-il pour cela faire circuler des photos de gosses morts en Syrie et accuser Israël, comme cela a été fait pendant la dernière guerre à Gaza ? »

Le conflit israélo-palestinien : un « plan comm »

Ismaël Saïdi explique qu'un nombre important d'associations ont été créées pour aider la Palestine.

> « Avec tout ce qu'elles collectent depuis toutes ces années, Gaza devrait d'ailleurs être plus riche que Tel-Aviv ! »

Un exemple parlant ? La campagne Mecca-Cola[135] lancée après la première guerre du Golfe comme une alternative à une célèbre boisson américaine.

> « Il avait assez mauvais goût, mais tous les foyers musulmans à Bruxelles en achetaient ! Des millions de bouteilles ont été vendues pendant des années. Les bénéfices devaient être versés à Gaza. Mais pas un sou n'est parti. Les importateurs ont prétendu qu'ils n'avaient pas fait de bénéfices…
>
> Les musulmans donnent de l'argent pour la charité plusieurs fois par an, dont une fois après le ramadan[136]. Ils sont alors sollicités pour la Palestine, chaque fois. Mais se demande-t-on comment les transferts

135 Mecca-Cola, un cola alternatif, est lancé en novembre 2002 par le Franco-Tunisien Tawfik Mathlouthi. L'entreprise française annonce son intention de reverser une partie de ses bénéfices à des associations humanitaires travaillant notamment dans les territoires occupés par Israël. En 2005, il est vendu dans une quarantaine de pays.

136 L'*Aïd al-Fitr* (terme arabe désignant la fête de la rupture) est la fête musulmane marquant la rupture du jeûne. Le matin de l'*Aïd*, normalement au plus tard avant le début de la prière, les musulmans doivent s'acquitter de la *Zakat* (aumône de la rupture du jeûne) : celle-ci, destinée aux pauvres de la communauté ou aux nécessiteux, a aussi pour but d'épurer les erreurs commises par le jeûneur pendant le ramadan.

> sont faits ? Personne ne va sur place pour s'en rendre compte. Beaucoup de personnes ne savent même pas où c'est, ni comment on y vit. On critique l'embargo israélien, et c'est vrai, il fait du tort, mais qui critique l'embargo égyptien, pire encore ? Personne ! C'est un plan de comm ! Comme pour les boycotts, que je critique également, qu'ils soient culturels ou académiques. Et qu'on ne me cite pas Gandhi en exemple, dit-il, lui boycottait une puissance occupante dans son propre pays. Ce qui est différent à la base. De plus, aujourd'hui, avec la mondialisation, on arrive à des situations absurdes comme le boycott des dattes israéliennes, dont les musulmans raffolent et que tous veulent manger pendant le ramadan, mais hypocrisie aidant, ils ne veulent pas savoir d'où elles viennent ! Du coup, des vendeurs les vendent au détail pour ne pas qu'on voie l'origine sur la boîte. »

« Je préfère un raciste qu'un politique condescendant »

Ismaël Saïdi s'inscrit dans la pensée de Tareq Oubrou et estime qu'il faut créer un islam d'Europe, avec des imams nés en Europe, ouvert sur la société et capable de connecter les gens. Comme dans un jeune couple, il faut d'abord éviter les sujets qui fâchent. Pour lui, il faut d'abord parler de ce qui rassemble.

> « Ce qui veut dire que du point de vue politique, il faut faire preuve de courage. Je préfère un raciste qu'un politique condescendant qui dit “il faut les comprendre, c'est culturel”. »

Ismaël Saïdi se fâche :

> « J'ai été flic pendant 15 ans et je peux dire que je n'ai pas rencontré de tels codes culturels, c'est de la condescendance pour excuser les problèmes. C'est grave. Car il ne s'agit pas de culture, il s'agit d'un manque d'éducation qui fait que le rapport de l'homme à la femme est biaisé, que les filles deviennent des objets de tentation qui doivent se cacher. Dans ce cas, ce n'est pas d'une loi qu'on a besoin, mais d'un discours fort. Car ces comportements appartiennent au même bourbier que l'antisémitisme. Il faut que les hommes et les femmes politiques – encore une fois, tous partis confondus – arrêtent le clientélisme, arrêtent de surfer sur la vague des deux côtés. »

Comme dans le cas de l'école Émile Bockstael, que la dernière élève juive a quittée[137].

> « Dans ce cas, il fallait quitter le clivage gauche/droite et faire quelque chose de concret : par exemple, organiser une rencontrer entre les parents, initier un dialogue. Nous vivons dans un pays de clivages ; or, il faut se rejoindre sur les questions d'humanisme, la gestion et l'économie appartiennent à un registre différent. »

« Une loi contre l'islamophobie serait comme une veilleuse dans l'obscurité »

Ismaël Saïdi ne fait pas de concessions aux principes et a le courage de nommer les choses.

137 La jeune fille était victime de harcèlement.

> « On ne peut pas dire que Daesh, ce n'est pas l'Islam. On ne peut pas dire qu'il ne faut pas faire d'amalgame. On se trouve sur une ligne et à la fin du spectre, il y a ces fous. Il faut pouvoir reconnaître que celui qui commet ces crimes odieux, là-bas ou ici en Europe, est musulman. L'admettre, c'est reconnaître qu'aujourd'hui, une peur des musulmans peut exister. Je ne peux pas l'interdire. C'est pour cela, entre autres, que je n'aime pas le terme "islamophobie".
>
> Je comprends l'expression de cette peur dans le contexte actuel. Toutefois, une loi contre l'islamophobie serait comme une veilleuse qu'on laisse allumée pour lutter contre la peur de l'obscurité. Si aujourd'hui, c'est naturel d'avoir peur des musulmans, je pense qu'il faut plutôt y répondre par de la pédagogie. Les Nemmouche, Coulibaly, Merah, les frères Kouachi, Daesh, les types de Verviers, ce sont tous des musulmans. Pour arriver à changer cela, il faut modifier la méthodologie, la manière de pratiquer la politique. Lors de la fête de l'Aïd, par exemple, je me sens insulté par les politiques qui mettent des bacs à disposition pour que l'on puisse jeter les carcasses et les peaux de mouton. Dans ma génération, beaucoup ne mangent plus l'agneau et cette tradition n'a plus la même signification aujourd'hui, alors que nous vivons dans une société où on a beaucoup à manger, alors qu'à l'époque, ou encore dans certains pays aujourd'hui, ce sacrifice était l'unique source de "viande" de l'année. »

Il poursuit :

> « L'antisémitisme est un des fruits pourri de l'arbre, mais c'est le seul qui est mortel. C'est le seul fruit qui tue. Et

> surtout, arrêtons de parler de la Palestine ici. Je l'ai dit, pour les hommes et les femmes politiques, c'est un moyen de ne pas aborder les problèmes chez nous, de regarder ailleurs, de se focaliser sur les problèmes là-bas et de ne rien faire ici, de se dérober aux difficultés.
>
> Je le redis, le problème palestinien est devenu l'opium du peuple et un business pour certaines associations musulmanes. »

Pour le metteur en scène, homme de dialogue, il faut être volontaire :

> « Il faut casser les mythes des musulmans qui n'aimaient pas les Juifs, se distancier des interprétations extrémistes car l'histoire ne correspond pas à ce que l'on inculque aujourd'hui aux musulmans. Le Coran est écrit en arabe classique et nous sommes tributaires des traductions pourries et des interprétations des prédicateurs qui prêchent la haine.
>
> Le conflit au Moyen-Orient, l'histoire interprétée et l'influence des prédicateurs, tout est utilisé pour justifier aujourd'hui la haine contre les Juifs. Alors que le rapport que j'ai moi, Belge musulman, avec les Belges juifs n'est pas le même que celui d'un Qatari, dont le seul lien avec les Juifs passe par la haine d'Israël. »

Et de conclure :

> « L'antisémitisme des jeunes musulmans résulte de la méconnaissance de leur propre histoire, renforcée par les prédicateurs qui sèment la haine. »

6.
Qui alimente l'antisémitisme aujourd'hui ? Tour d'horizon

L'antisémitisme semble être redevenu une simple « opinion » dans notre pays. Alors qu'il était pendant longtemps impensable de considérer (ou du moins d'exprimer publiquement) les préjugés à l'encontre des Juifs, ce genre d'inepties est devenu chose courante. On les pense, on les dit, on les répète. Au-delà de ces stéréotypes, c'est un climat de méfiance et d'hostilité qui s'est installé envers les Juifs de Belgique. Cela ne s'est pas fait à coup de déclarations tonitruantes, non, plutôt par des non-dits, des insinuations, des parallèles douteux, des imprécisions de langage.

Comme dit plus haut, pour soigner le mal, il faut le prendre à la racine. Comprendre réellement qui alimente l'antisémitisme dans notre pays aujourd'hui. Pour y arriver, nous avons interrogé plusieurs témoins.

Nous partons, grâce à leurs analyses, à la rencontre de ceux que nous appelons les « porteurs d'eau » de l'antisémitisme : des militants, des journalistes, des chanteurs, des responsables politiques, des avocats, parfois aussi de simples citoyens qui, par le langage qu'ils ont choisi d'utiliser pour évoquer le conflit au Moyen-Orient, alimentent plus ou moins consciemment l'antisémitisme tel qu'il se développe chez nous.

Quand le neuf rencontre le vieux : l'antisémitisme « arc-en-ciel »

Écoutons d'abord Joël Kotek[138], maître de conférences à l'Université libre de Bruxelles. Tout découragé qu'il puisse être par le climat ambiant, ce brillant chercheur n'en reste pas moins déterminé à lutter contre les expressions les plus diverses de l'antisémitisme contemporain. Réponses sans détours. De quel antisémitisme parle-t-on aujourd'hui ?

> « Je qualifierais l'antisémitisme belge d'arc-en-ciel, d'être composite. Il est l'addition d'un vieux fonds d'antisémitisme latent, tridimensionnel d'origine chrétienne, issu de l'extrême droite et aussi de l'ultra-gauche fin-de-siècle, et d'un nouvel antisémitisme d'origine arabo-musulmane qui, une fois encore, pose les Juifs en responsables du malheur arabe. Le nouvel antisémitisme belge tient ainsi à cette fusion entre une tradition antisémite "d'en haut", certes en régression mais désormais totalement libérée, et cette

138 Joël Kotek a étudié l'histoire à l'ULB sous la direction de Jean Stengers puis a obtenu un diplôme de docteur en sciences politiques à l'Institut d'études politiques de Paris, après un bref passage comme boursier à l'Université d'Oxford. Spécialiste des génocides et de l'antisémitisme, il est l'auteur de nombreux articles et ouvrages sur ces thématiques, dont une récente (et fort dérangeante) étude sur les médias francophones et la guerre de Gaza. Il est notamment membre du conseil d'administration du Musée de la Shoah de Malines, correspondant belge du Centre sur l'antisémitisme de Tel-Aviv et directeur de publication de la revue *Regards*, le mensuel du Centre communautaire laïc juif (CCLJ).

judéophobie surgie "d'en bas" issue d'une frange non négligeable de Belges de culture musulmane. Il faut lire les ouvrages de Georges Bensoussan pour admettre l'existence d'un antijudaïsme ontologiquement arabo-musulman. Comment comprendre le départ sans retour de 99 % des Juifs des terres d'Islam, Maroc compris ? Comment comprendre les cas des Fofana, Merah, Nemmouche, sinon aussi par l'entourage familial ? La mère de Mohamed Merah était loin d'être philosémite. Cette réalité d'un antisémitisme des banlieues de l'Islam est évidemment dérangeante pour notre gauche morale et laïque. Comment accepter, en effet, que premières victimes du racisme puissent être aussi les principaux vecteurs de la nouvelle judéophobie ? Si, depuis l'attentat du Musée juif, nos élites politiques semblent avoir enfin accepté cette triste réalité, il se trouve encore de nombreux milieux à la refuser, au sein de l'Union Progressiste des Juifs de Belgique (UPJB), par exemple. Parler d'antisémitisme arabo-musulman, c'est assurément faire œuvre d'"islamophobie". »

Et notre chercheur de poursuivre sans langue de bois :

« Ce nouvel antisémitisme arc-en-ciel, pour être rouge-brun-vert, ne poserait pas tant de problèmes s'il n'était relayé, bon gré mal gré, par certains politiques et médias, tout à l'écoute des demandes sociales. Nombre d'entre eux, tel l'inénarrable Philippe Moureaux, ont compris assez tôt tout le bénéfice électoral d'un strict positionnement antisioniste. Les Juifs qui ont été des siècles durant la seule minorité tolérée en Occident sont redevenus les boucs émissaires naturels de notre société. Ils sont devenus ainsi *de facto* l'exutoire naturel des tensions sociales, ce par quoi s'expliquent les malheurs du monde de manière naturelle : maladies, pauvreté, infanticides, catastrophes naturelles, etc. Cela s'est concrétisé au XIXe siècle par ce célèbre slogan qui a emporté l'adhésion de l'extrême droite comme de l'extrême gauche allemande : "Les Juifs sont responsables des malheurs du monde".

J'ai qualifié cette posture d'antisémitisme pragmatique et/ou de "politique du moindre mal". La critique radicale du sionisme et d'Israël doit être perçue, ici, comme un ersatz de politique d'intégration sociale. Aujourd'hui, l'antisionisme radical est la nouvelle expression du socialisme des imbéciles[139]. Rappelons-nous la gaffe de la section du PS de Molenbeek qui en vint à poster une caricature négationniste[140] pour illustrer un débat unilatéral sur le sionisme.

L'opposition radicale à Israël permet d'unir à bon compte les Belges "d'en haut" à ceux "d'en bas" dans une commune détestation "citoyenne" et soi-disant antiraciste d'Israël. Un parfait exemple de ce comportement est la suspension de l'accord de coopération entre la Région bruxelloise et Israël. Personne ne songerait à rompre le moindre accord avec la Turquie, le Sri Lanka, le Maroc ou encore la Russie. C'est la

139 Expression que le socialiste allemand August Bebel utilisait déjà il y a plus d'un siècle pour qualifier l'antisémitisme de gauche.

140 Une affiche antisémite et négationniste, présentant la caricature d'un Juif qui domine le monde, a été choisie par la section PS de Molenbeek pour promouvoir le débat qu'elle voulait organiser le 19 mars 2013 sur le sionisme avec le PAC (Présence et Action Culturelles), intitulé « Et si on parlait librement et sereinement du sionisme ? ». Suite à la controverse, le débat a été annulé.

raison pour laquelle les Juifs de Belgique mais aussi les Arméniens, et ce, pour des motifs différents mais démographiquement proches, se retrouvent désormais marginalisés, faute de peser électoralement.

Cette posture s'expliquerait aussi par le rapport difficile des Belges à leur période coloniale et à la Shoah, et ce, principalement en Flandre où l'antisionisme permet d'évacuer à bon compte la culpabilité liée à la collaboration. L'idée que les Juifs puissent commettre un génocide, c'est-à-dire devenir à leur tour des bourreaux, permet d'apaiser bien des complexes. Des chercheurs allemands ont qualifié ce phénomène psychopolitique d'antisémitisme secondaire. Ces mêmes chercheurs caractérisent l'antisionisme radical "comme un moyen (facile) de contourner le tabou antisémite", et ce, tant à l'extrême droite qu'à l'extrême gauche. Prenons ce philosophe flamand de la culture, Lieven De Cauter qui, en août 2015, n'a pas hésité un seul instant à désigner, dans une retentissante carte blanche adressée au Secrétaire d'État (ultra-) nationaliste Theo Francken, les sionistes américains comme les responsables du chaos mondial, de la crise des réfugiés à l'effondrement de la Syrie en passant par le conflit chiites-sunnites. Une thèse qui rappelle *Les Protocoles des Sages de Sion*, ouvrage qui eut, il est vrai, son petit succès en Flandre. L'anti-israélisme soulage bien des consciences tourmentées. Voyez le succès que suscite le mouvement BDS tant auprès de l'ultra-gauche que des milieux néonazis flamands et francophones. Laurent Louis s'affiche comme un ferme soutien non pas tant à la cause palestinienne, que je respecte, qu'au Hamas. »

Le fantasme du Juif tueur d'enfants

Cet « antisémitisme arc-en-ciel » quasi *mainstream* explique notamment les dérapages dans certains médias belges quant au traitement des événements du Moyen-Orient. Comme par exemple, la libération des représentations antisémites les plus classiques, notamment celui de l'*antisémythe* du Juif tueur d'enfants.

> « Je ne connais pas d'autres conflits qui mobilisent autant d'images morbides. La quasi-totalité des photos de Palestiniens relatives au dernier conflit israélo-gazaoui représentent des enfants morts, blessés ou encore martyrisés[141].
>
> Le martyre des enfants palestiniens est au cœur de la représentation quasi christique du conflit. Facile à démontrer, mais impossible à faire comprendre, car les journalistes ne veulent pas voir cette dégradation sociale qui oppose systématiquement le soldat israélien à l'enfant palestinien.
>
> La presse n'est pas antisémite, elle est en partie le relais d'une représentation qui puise dans un vieux fonds de représentations antijuives. Ce n'est pas innocent de ne montrer que des images d'enfants, très rarement de combattants et ce, à l'inverse des autres conflits. L'image du petit enfant kurde[142] noyé sur le rivage turc a d'autant plus choqué les Belges (et à raison) qu'on

141 Joël Kotek, « Israël et les médias belges francophones. Des cas d'école au miroir du conflit israélo-gazaoui de l'été 2014. Entre désinformation, malinformation et importation du conflit », *in Les dossiers du comité de coordination des organisations juives de Belgique*, mars 2015.

142 En septembre 2015, au moment où cette interview est réalisée, l'image du petit Eylan, mort noyé alors que lui et sa famille cherchaient asile en Europe, a suscité une vive émotion.

leur avait jusqu'ici épargné la moindre image dérangeante d'un conflit pourtant 100 fois plus meurtrier que celui de Gaza. Rien n'est innocent. Le mythe du Juif tueur d'enfants et assoiffé de sang appartient à l'Europe depuis le XIIe siècle. En refusant de voir ces évidences, certains médias nourrissent l'antisémitisme. Et ce faisant, ils deviennent des facilitateurs inconscients », précise-t-il.

Être plus palestinien que les Palestiniens !

À suivre notre chercheur :

> « L'antisionisme radical doit être considéré aujourd'hui comme la religion civile belge, comme le seul élément fédérateur entre anciens et nouveaux Belges, bourgeois bien-pensants et syndicalistes, fachos et gauchos, etc. C'est à se demander qui des Flamands, des Wallons ou des Bruxellois s'identifie le plus aux Palestiniens. Au Nord, on assimile les Bruxellois francophones qui tentent d'occuper la périphérie flamande aux Israéliens, au Sud on identifie au contraire ces mêmes francophones aux Palestiniens. Le tropisme apparaît absolu. Très régulièrement, un article sur une initiative citoyenne ou politique en faveur de la Palestine. Rassurons-nous, l'amour absolu de notre presse pour la Palestine se trouvera toujours compensé par l'un ou l'autre article sur la Shoah, procédé essentiel pour se dédouaner à bon compte de toute accusation d'antisémitisme. Le Juif victime a toujours bonne presse (c'est le cas de le dire) ; en revanche, celui qui entend se protéger contre des missiles, fussent-ils islamiques, sera toujours perçu comme un tueur d'enfants. »

Revenant sur la question des définitions et du vocabulaire, notre interlocuteur entend préciser qu'il récuse l'adéquation entre antisémitisme et islamophobie :

> « L'islamophobie est l'équivalent de l'antijudaïsme, c'est-à-dire de la critique (justifiée ou non, pertinente ou non) de l'islam en tant que religion et/ou idéologie. En cela, il n'y a pas lieu de confondre islamophobie et racisme antiarabe. Le racisme vise en effet des individus, et non une foi en tant que telle. L'anticléricalisme qui a nourri la modernité n'a rien de raciste. Que du contraire. C'est même un exercice sain. »

Et notre intellectuel de rappeler la pensée extrêmement critique de Spinoza envers la religion de ses pères/pairs.

> « Notre modernité s'est bâtie contre l'Église et ses velléités totalitaires. Hors de la laïcité, point de salut. C'est vrai pour le Maroc comme pour Israël, dont l'un des cancers est précisément le poids de plus en plus important du religieux dans la politique comme dans la société. Si le racisme est un délit, l'anticléricalisme reste de salubrité publique. Pourquoi devrions-nous renoncer à nos acquis durement obtenus contre l'Église catholique sous prétexte d'intégrer nos compatriotes d'origine arabo-musulmane ? Le moyen de les intégrer est de les protéger en tant qu'individus dans le respect évidemment de leurs différences. La liberté de culte est un droit. Nos sociétés se doivent de rester ouvertes à toutes les croyances et à tous les choix philosophiques. Les Belges d'origine arabo-musulmane ont le droit, par exemple, à des écoles confessionnelles, financées par l'État. Pourquoi leur refuser ce qu'on accorde aux chrétiens et aux Juifs ? Nos sociétés se doivent d'intégrer, pas d'assimiler les individus. »

Pourquoi parler d'antisémitisme et non de racisme ? Joël Kotek :

> « L'antisémitisme est un racisme particulier, fantasmatique, irrationnel, obsessionnel. C'est une maladie sociale que je comparerais volontiers à une psychose tant elle paraît déconnectée de son objet même. La haine des Juifs peut surgir dans des pays qui ne comptent aucune communauté juive. Songeons à l'Europe centrale ou orientale où foisonnent des partis ouvertement antisémites tels que Jobbik (Hongrie) ou encore Aube dorée (Grèce). Rappelons-nous que l'Allemagne nazie ne comptait qu'un pourcent d'Allemands d'origine juive. Un pourcent dont beaucoup étaient assimilés ou convertis. Et pourtant, Hitler a pu jouer sur une menace juive totalement imaginaire. Au fond, c'est quoi, l'antisémitisme ? C'est cette simple idée que tout ce qui va mal procède des Juifs et de leur complot. Au Moyen Âge, les Juifs étaient tenus responsables des épidémies de peste, de lèpre, des disparitions d'enfants ; au siècle dernier, des crues de la Seine et des guerres franco-prussiennes (Édouard Drumont[143]). Rien n'a guère changé depuis : les Juifs sionistes seraient responsables du tsunami de 2004 (presse arabe), de l'esclavage (Dieudonné M'Bala M'Bala), du sida (Laurent Louis), de la guerre chiites-sunnites (Lieven De Cauter). L'antisémitisme comme l'antisionisme radical relèvent de cette pensée magique et rassurante que les Juifs expliquent les maux de la Terre. »

143 Journaliste, écrivain, polémiste et homme politique français, fondateur du journal *La Libre Parole*, antidreyfusard, nationaliste et antisémite (1844-1917).

Notre professeur me fait penser à une belle histoire juive.

> « Il était un homme résolu à sauver une cité. Il y arriva jeune, énergique, vigoureux, déterminé. Il alla de rue en rue, d'école en école, de marché en marché, exhortant les gens à n'être plus indifférents.
>
> Au commencement, les gens l'écoutaient car ils étaient amusés par ses propos. Puis ils s'arrêtèrent d'écouter. Après de longues années, un enfant l'aborda un jour dans la rue.
>
> – Pauvre étranger, lui dit-il, pourquoi fais-tu cela ? Tu ne vois donc pas que cela ne sert à rien ?
> – Je le sais.
> – Alors, pourquoi continuer à crier ?
> – Je vais te le dire. Au début, je croyais que si je criais assez fort, je parviendrais à les changer. Maintenant, je sais que je ne les changerai jamais. Mais si je crie toujours, et de plus en plus fort, c'est parce que je ne veux pas qu'ils me changent, moi. »

De nombreuses plaintes classées sans suite

Arrivés à ce stade de notre réflexion, et toujours dans le but de mieux connaître ces fameux « porteurs d'eau » qui alimentent l'antisémitisme dans notre pays, il peut être intéressant d'aller faire un tour du côté des tribunaux. De voir sur quoi portent les jugements prononcés sur ce type de matières ?

Thierry Van Nerom sera notre guide sur ce sujet. Il est avocat et juge suppléant. Il enseigne, mais est également un militant actif de longue date dans le domaine éducatif ou culturel. Actuellement, il est notamment administrateur du Musée juif de Belgique. Bien qu'il ne soit pas pénaliste, il a plaidé dans plusieurs dossiers concernant l'antisémitisme et le négationnisme. Il a remporté quelques belles victoires. Analyse du milieu judiciaire, des mécanismes et des procédures par un homme engagé à défendre les valeurs démocratiques.

Alors que les faits antisémites augmentent, le nombre de plaintes déposées par des individus, par le Centre pour l'égalité des chances ou la Ligue belge contre l'antisémitisme (LBCA) augmente également.

> « Ces plaintes sont en règle générale déposées à la police ou dans les mains du Procureur du Roi. Ce qui malheureusement n'est pas efficace sur le plan judiciaire. Car, le plus souvent, le substitut du Procureur n'y donnera pas suite et la plainte sera classée sans suite. »

Pourquoi ?

> « Soit parce qu'il n'accorde pas assez d'importance à ces faits, soit parce que les moyens font défaut pour poursuivre comme il convient les auteurs des faits. C'est le cas en Belgique et particulièrement à Bruxelles. Par conséquent, toutes ces dénonciations permettent de communiquer, et c'est très important, mais elles n'aboutiront pas. En tout cas, c'est ce qui s'est passé jusqu'à présent. Par contre, il existe d'autres moyens de mettre en route l'action publique qui amène le juge à se pencher sur l'acte et on aura une écoute attentive et très souvent une condamnation bien argumentée. »

« Nique les Juifs »

Un premier exemple présenté par Me Van Nerom est l'arrêt spectaculaire suite à la plainte que j'ai personnellement déposée avec Didier Gosuin et feu Jacques Simonet en mars 2005, avec constitution de partie civile contre X, c'est-à-dire contre les personnes et opérateurs ayant contribué à la création, à l'interprétation et à la diffusion de la chanson *Nique les Juifs*.

Ce rap commence par cette phrase : « Je dédicace cette putain de zique à ces fils de putes de Juifs. » Suivent, pendant 3 minutes et 20 secondes, une série de rimes dans lesquelles les Juifs sont des « kystes » qu'il « faut enlever, faut brûler », des « chiens qui servent à rien », qu'il « faudrait tous tenir en laisse ». Ou encore : « Hitler, ce taré déterminé / A compris qu'il fallait tous les gazer / Comme des putains de cafards les écraser / Jusqu'au dernier les exterminer. » Quant au refrain, il s'agit d'une voix d'enfant : « À tous les Juifs, niquez vos mères / Brûler une synagogue, j'aimerais bien l'faire. »

La force des termes employés, leur caractère violemment antisémite ainsi que la très large diffusion qui leur est assurée par Internet constituent les motifs de ce dépôt de plainte. Les trois plaignants ont saisi le juge d'instruction, et ce, sur la base de la loi de 1891 portant répression de la provocation à commettre des crimes et des délits, de celle de 1981 tendant à réprimer le racisme et la xénophobie et de celle de 1995 réprimant le négationnisme et le révisionnisme.

Me Van Nerom :

> « Dans un premier temps, la Chambre du Conseil avait, dans son ordonnance du 28 avril 2006, déclaré la plainte irrecevable, argumentant du fait que les plai-

> gnants ne pouvaient invoquer un intérêt direct et personnel distinct de l'intérêt collectif. Nous avons interjeté appel en arguant notamment de la menace que les propos incriminés font courir à toute société démocratique et du dommage personnel que tout citoyen peut subir par le fait de cette menace et des infractions visées. Nous faisions valoir également qu'il était indifférent que ce citoyen soit un mandataire public et que, de surcroît, il n'avait pas à démontrer son origine juive. »

Maîtres Thierry Van Nerom et Véronique Laurent ont plaidé en ce sens. Dans son arrêt du 17 janvier 2007, la Chambre des mises en accusation de la Cour d'appel de Bruxelles leur a donné totalement raison et a déclaré l'appel recevable et fondé. La Cour a décidé que l'action publique était régulièrement mise en mouvement et a renvoyé le dossier de la procédure au Procureur général. L'arrêt, très fort, orientera très certainement la jurisprudence future et permettra à tout démocrate de réagir lorsqu'il sent la démocratie et ses valeurs menacées.

> « Ce qui est regrettable, précise l'avocat, c'est que le Ministère public ne se soit pas saisi d'initiative du dossier. »

Racisme et politique : de Johan Demol à Laurent Louis

Un deuxième exemple est celui du dossier Demol. Johan Demol m'avait attaquée pour être l'éditeur responsable d'un tract distribué dans le cadre de la campagne relative aux élections communales de 2006. Ce dépliant s'intégrait dans une action de sensibilisation aux dangers de l'extrême droite et pour la défense des valeurs démocratiques menée par l'Union des étudiants juifs de Belgique[144]. Johan Demol invoqua une atteinte à son honneur et demanda ma condamnation en ma qualité d'éditeur responsable et sur base de ma responsabilité personnelle.

En avril 2009, le Tribunal de première instance de Bruxelles a rendu un jugement fort : ma responsabilité a été écartée et M. Demol a été condamné à payer le montant de l'indemnité de procédure à la plaignante.

Me Van Nerom :

> « Le tribunal n'a pas suivi Johan Demol. En revanche, il s'est basé sur les arguments que j'ai avancés, en jugeant que "l'appartenance de Monsieur Demol à des mouvements d'extrême droite a été évoquée à de nombreuses reprises depuis les années 1990 par la presse, appartenance qu'il a reconnue. Il s'agit d'un fait établi, dont Monsieur Demol ne se cache, d'ailleurs, pas [...]. Par ailleurs, Monsieur Demol a fait l'objet d'un passé judiciaire". »

C'est ainsi que le tribunal a décidé que « Mme Teitelbaum n'a pas commis de faute ».

> « Ce qui est important ici, souligne l'avocat, c'est que le magistrat est allé au fond du dossier. Ensuite, la Cour a également rappelé l'appartenance au mouvement d'extrême droite de M. Demol et formulé une condamnation explicite et exemplaire. Ce qui veut

144 On pouvait y lire les mentions suivantes : « VLAAMS BELANG, FRONT NATIONAL... Johan Demol : député bruxellois VB CONDAMNÉ à plusieurs reprises pour distribution de tracts racistes VOTER POUR EUX, C'EST TUER LA DÉMOCRATIE !!! »

> dire que lorsque le tribunal est saisi, il ne reste pas indifférent et fait son travail avec conscience. »

Un troisième exemple présenté par Me Van Nerom est celui du dossier qui concerne les propos de Laurent Louis sur son profil Facebook.

> « On y trouve des propos clairement antisémites, antisionistes, négationnistes. “Regardez comment les sionistes ont financé Hitler et créé la Seconde Guerre mondiale pour arriver à la réalisation de leur projet, la création de l'État d'Israël. [...] Israël pratique une politique nazie en Palestine”, etc. Plainte a été déposée par le Comité de coordination des organisations juives de Belgique (CCOJB) avec constitution de partie civile. L'affaire est en cours, je n'en dirai donc pas plus.... Par contre, une autre plainte a été déposée toujours par le CCOJB contre les propos de Laurent Louis sur son blog “Debout les Belges” pour y avoir tenu des propos négationnistes et antisémites en juin 2014, sur base de la loi de 1995 et de 1981, toujours par le CCOJB. Laurent Louis remet les chambres à gaz[145] en cause et là, j'ai utilisé la procédure de citation directe devant le Tribunal correctionnel, étant donné qu'il n'était plus parlementaire et ne pouvait donc plus bénéficier d'une immunité. Laurent Louis y était défendu par Me Courtoy. Tant le Centre d'action laïque que la Ligue internationale contre le racisme et l'antisémitisme (LICRA) et que le Centre pour l'égalité des chances se sont joints à notre plainte, ce qui a créé un effet d'emballement. Mais je veux surtout

145 Il y a notamment écrit : « Certes Jean-Marie Le Pen a dit que les chambres à gaz n'étaient qu'un détail de l'Histoire de la Seconde Guerre mondiale et cela peut choquer, mais en y réfléchissant un peu, est-ce si faux que cela ? »

mettre en évidence que le jugement de 25 pages était très sévère à l'encontre de l'accusé, qu'une peine de huit mois de prison avec sursis a été prononcée, ainsi qu'une amende de 3 000 euros. Donc, encore une fois, lorsqu'on utilise les bonnes procédures et qu'on investit le temps et l'énergie nécessaires, la justice fait son œuvre. Ce qui est rassurant. Ce qui l'est moins, c'est l'attitude moins proactive du parquet. »

Les boycotteurs : BDS ou le nouvel antisémitisme

La diabolisation d'Israël et des Juifs dits « sionistes » ne cesse de se développer à travers la création d'ONG et d'actions, que celles-ci soient très médiatisées ou simplement entrées dans les traditions municipales.

Parmi ces organisations à « but humanitaire », il y en a une qui retient spécialement notre attention. Depuis 2005, une campagne mondiale appelée BDS[146] (« Boycott, Désinvestissement et Sanctions ») appelle à exercer un boycott universel, de nature académique, culturelle, scientifique, économique et politique sur Israël. Au nom de la « liberté d'expression », l'antisionisme débridé, obsessionnel, acharné, entêté et constant prôné par cette association donne régulièrement l'occasion à certains médias, politiciens ou professeurs de représenter Israël comme le Juif des Nations. Il ne s'agit bien entendu pas d'une simple critique de nature politique. Mais plutôt de faire croire à coup de slogans et de simplifications qu'Israël pourrait se comparer à la Grèce des colonels, à l'Afrique du Sud du temps de l'Apartheid ou à l'Espagne de Franco. Cette énormité étant proférée (sans qu'il soit même nécessaire d'essayer de commencer à la prouver – ce qui serait, et pour cause, impossible à faire), il est

146 Initiée par des ONG palestiniennes.

bien entendu qu'Israël, et Israël seul, doit être mis au banc des Nations.

Pour le faire croire, cette association n'hésite pas à jouer sur plusieurs tableaux malsains. Laisser penser qu'on voudrait lui interdire de critiquer Israël est la première des manipulations auxquelles cette association se livre. On voit ce qu'une telle accusation a de ridicule si on prend le temps de constater qu'Israël est sans aucun doute un des pays du monde où la réprobation des autorités en place est la plus aisée, que ce soit à l'intérieur du pays lui-même, où de nombreuses associations pacifistes et humanitaires s'activent et s'expriment sans la moindre contrainte et où, il faut le rappeler, les Arabes israéliens sont aussi représentés au plus haut niveau dans le pays (juges à la Cour suprême, parlementaires, officiers supérieurs...), ou encore dans le monde entier, où les critiques d'Israël sont largement répercutées. Ce n'est donc certainement pas pour faire taire BDS que ses dérives sont dénoncées.

Une seconde manipulation mise en œuvre par BDS est de vouloir laisser croire qu'ils veulent boycotter le pays sans pénaliser ses habitants. Officiellement, BDS n'a rien contre les Israéliens ni même contre les Israéliens juifs. Il est difficile pourtant de ne pas s'apercevoir que non seulement ce sont bien des individus qui sont visés, mais qu'en plus, ils le sont non seulement en tant qu'Israéliens, mais aussi parfois simplement en tant que Juifs. Et qui pourrait nier que le discours « antisioniste » qui se développe autour de BDS recèle plus souvent que nécessaire un véritable phrasé antisémite ?

Enfin, l'on peut se poser des questions sur cet antisionisme lui-même. Il fait porter à Israël en tant qu'État les défauts jadis reprochés aux Juifs eux-mêmes depuis le Moyen Âge.

Ce qui semble évident, enfin, c'est que dans cette campagne, les instigateurs jugent l'État juif selon des critères différents des autres pays. Il y a là un double standard qui justifie le boycott des seuls universitaires, artistes et produits juifs... Enfin, je veux dire... israéliens.

Le tissu de mensonges à propos d'Israël est le plus grand obstacle à la paix

Ce double standard est un phénomène épinglé et analysé par Maurice Einhorn[147], spécialiste notamment des questions d'antisémitisme en Belgique. Il explique :

> « Quelque chose s'est passé avec les attentats de janvier à Paris, qui ont paradoxalement libéré non seulement la parole, mais également la violence "antisioniste", le masque moderne de l'antisémitisme. Du "je suis Charlie. Je suis juif. Je suis palestinien" d'Elio di Rupo[148], qui donne à croire que les Juifs ne sont pas pour rien dans la violence islamiste, à l'agression en mars 2015 d'étudiants juifs sur le campus de l'ULB, le climat "antisioniste" est en train de prendre des proportions jusqu'ici inconnues. Et ce climat se cristallise autour d'un lieu central, qui pour nos belles âmes est la mère de tous les conflits, c'est-à-dire Gaza. Au point que ces quatre lettres ont pour les antisémites nouveaux une résonance proche d'Auschwitz, une comparaison criminelle que les "antisionistes" hésitent de moins en moins à faire. »

147 Médecin, journaliste et cofondateur du Collectif Dialogue et Partage. Auteur de nombreux articles sur l'antisémitisme, entre autres dans la revue *Regards*.

148 Premier ministre (Parti Socialiste) de 2011 à 2014.

Sur le militantisme BDS et le double standard, il précise :

> « Pour les militants "antisionistes" européens, parmi lesquels les Belges se distinguent particulièrement, tant à droite qu'à gauche, la guerre de Gaza est celle de toutes les injustices, de tous les crimes contre l'humanité, de toutes les horreurs contemporaines. Une guerre où le bien et le mal sont clairement et unilatéralement définis. Les actions du mouvement BDS, qui se définit comme "la réponse citoyenne et non violente [*sic*] à l'impunité d'Israël", illustrent à la perfection cette vision parfaitement hémiplégique et hors de proportion du conflit israélo-palestinien.
>
> Une petite recherche sur l'un des piliers de ce mouvement "antisioniste", à savoir le CNCD-11.11.11, vaut mieux qu'un long réquisitoire. "Kurde" ramène une référence unique, le terme "Palestine" en produit, de son côté, 68. On nous objectera que la question kurde est moins actuelle – l'est-elle réellement moins ? –, mais à cela nous répondrons que le terme "Ukraine", d'une actualité brûlante, lui, ramène 15 références, soit plus de 4 fois moins que "Palestine". Or, le conflit en Ukraine a tué en quelques mois presque autant d'hommes que celui entre Israéliens et Palestiniens en deux à trois décennies. Du côté de nos belles âmes, ce conflit n'a en tout cas pas suscité la moindre velléité de boycott, désinvestissement et sanctions. Pas plus d'ailleurs que la soixantaine d'autres conflits en cours dans le monde. »

Pour Ben-Dror Yemini, journaliste, auteur, et politologue israélien de renom : « Le problème n'est pas la critique d'Israël. Le problème est le tissu de mensonges à propos d'Israël, qui constitue le plus grand obstacle à la paix. Au plus gros est le mensonge, au plus crédible il apparaît aux masses. Les nazis avaient déjà déterminé que les Juifs étaient les plus grands ennemis du Troisième Reich, qu'ils dominaient l'Union soviétique, les États-Unis et la Grande-Bretagne. De nos jours, Israël est accusé de génocide, alors que ce sont les tueurs islamistes qui appellent à l'extermination des Juifs[149]. »

Dans un article du *Monde*[150], Ben-Dror Yemini répond au Palestinien Omar Barghouti, l'un des cofondateurs et leader du mouvement Boycott, Désinvestissement et Sanctions (BDS). Dans un article également paru dans *Le Monde* le 2 juillet, il y décrit sa solution au conflit israélo-arabe. Sa demande principale résidant dans le « droit au retour » de plusieurs millions de réfugiés palestiniens, insistant bien sûr sur le fait que ces derniers auront la possibilité de retourner dans ce qui est actuellement l'État d'Israël. Il reconnaît aussi, au passage, qu'après le retour massif de ces réfugiés, ce même État d'Israël n'existera plus, car il sera devenu en majorité arabe. Cela ne constituera pour lui aucun problème, puisque les Juifs qui vivaient autrefois en terres d'islam sous domination arabe, avec le statut de minorité (dhimmi), à la différence de ceux résidant en Europe, ne subissaient aucun massacre ou pogrom antijuif. Les Juifs pourront donc toujours, selon Barghouti, tranquillement poursuivre leur existence, comme minorité, dans ce pays à majorité arabe que sera devenu Israël[151].

Bon sang, et aucun Juif n'y avait encore pensé ! D'ailleurs, les Juifs ont fui les pays musulmans, abandonnant leurs biens,

149 Daniel Horowitz, « BDS ou le nouvel antisémitisme », publié sur http://danielhorowitz.com le 10 juin 2015.

150 Ben-Dror Yemini, « Le boycott d'Israël torpille la paix », *Le Monde*, 15 juillet 2015.

151 Omar Barghouti, « Face à Israël, la France est hypocrite », *Le Monde*, 2 juillet 2015.

parce qu'ils y étaient heureux et respectés, tout le monde le sait !

Mais BDS n'est pas un mouvement modéré, comme le rappelle le directeur de la rédaction du quotidien *Libération*, Laurent Joffrin, dans un éditorial[152]. Il explique que « le boycott indistinct de tous les produits israéliens a d'abord pour effet de mettre tous ses citoyens dans le même sac et de sanctionner aussi ceux d'entre eux qui sont favorables à la paix. On ne peut pas assimiler Israël à une dictature où l'opinion ne compte pas. Quand Omar Barghouti, animateur et cofondateur de BDS, met Israël sur le même plan que le Soudan du général El-Béchir, islamiste implacable, où la guerre civile et la répression ont causé quelque 2 millions de morts, il pratique un amalgame inacceptable. Il est vrai que dans certains textes, le même Omar Barghouti compare aussi les Israéliens à des nazis... Aussi bien, les militants du boycott, qui agissent en principe au nom de valeurs universelles – le droit des peuples à disposer d'eux-mêmes et le droit international –, se gardent bien de dénoncer les atteintes à ces principes quand elles sont le fait de certaines forces palestiniennes, par exemple le Hamas qui gouverne Gaza en pratiquant une répression impitoyable et qui use lui aussi de moyens de lutte cruels et contraires aux conventions internationales [...]. Quelle est la force palestinienne la plus active qui demande aussi un seul État ? Le Hamas, qui prévoit, lui, que cet État unique sera un État islamique et qui reprend à son compte, dans sa charte, les clichés antisémites les plus éculés. En se donnant pour objectif final la transformation de l'État d'Israël en un autre État où les Juifs seront minoritaires – beaucoup y voient une disparition pure et simple dudit État –, le fondateur de BDS rejoint, sous les atours d'une action légale et pacifique, les mouvements les plus extrémistes. »

152 Laurent Joffrin, « BDS, les dessous d'un boycott », édito de l'édition de *Libération* du 15 août 2015.

Et lorsque certains détracteurs de l'article argumentent que l'opinion publique israélienne a viré à droite pour démentir l'explication de Laurent Joffrin, on a envie de rappeler que l'important est dans le fait que l'opposition politique et la population peuvent s'exprimer et non dans l'assentiment que l'auteur peut trouver ou non au sein de la gauche européenne. Doit-on dès lors rappeler aussi qu'au sein du Parlement israélien, la Knesset, siège un parti – la troisième force politique du pays – composé d'Arabes israéliens sur une liste unique composée de communistes et d'islamistes !

Plus important encore à souligner est le fait que le mouvement BDS n'est pas pacifiste, ni même contre la colonisation. Ses initiateurs soutiennent la destruction d'Israël à travers ce qui apparaît comme une solution politique (Omar Barghouti) ou à travers des déclarations plus directes comme celles de Yusuf al-Qaradawi, leader sunnite, ou de Roger Waters (Pink Floyd). Qaradawi n'a pas hésité, d'ailleurs, lors de sa tribune hebdomadaire sur Al Jazeera, à exprimer à l'occasion son admiration pour Hitler en espérant que « la prochaine fois, les musulmans achèvent son travail ». Ou Waters qui affirme, dans un autre genre, que « le lobby juif est très influent, en particulier dans le domaine dans lequel je travaille ». Et il précise même que certains collègues craindraient pour leur vie s'ils le soutenaient dans ses positions BDS[153].

Or, comme le rappelle Ben-Dror Yemini, si Israël est en effet considéré comme une menace pour le monde de la même manière que les Juifs l'étaient à une époque, aucun anti-israélien n'a jusqu'à présent été frappé d'une fatwa ou assassiné pour cela. Mais comment démonter les assemblages de mensonges qui tissent leur toile en toute impunité depuis des années ?

153 Ben-Dror Yemini, "Roger Waters: The professional liar", publié sur http://blogs.timesofisrael.com le 12 décembre 2013.

En Belgique, BDS et sa « logique » sont actifs depuis des années et jouent un rôle certain dans le passage à l'acte de la violence. Car finalement, n'en est-il pas la suite logique ? Une fois que le « Mal » est identifié, il faut le faire taire et le supprimer

Depuis 2001, une obsession monomaniaque à l'encontre d'Israël produit un ostracisme et la stigmatisation d'un peuple – israélien –, mais aussi d'une communauté – juive –, ici. Voici quelques exemples pris au hasard[154] et qui sont illustratifs de ce déchaînement.

Un boycott économique sans queue ni tête

En 2002, le Parlement bruxellois suspend l'accord de coopération avec Israël. Pour rappel, l'accord de coopération entre la Région bruxelloise et l'État d'Israël du 8 septembre 1998 a été ratifié par le Parlement bruxellois le 17 mars 2000 et publié au *Moniteur belge* en date du 13 juillet 2000. Jusqu'à présent, tant les motions motivées déposées au Parlement que les propositions demandant la relance de l'accord ont été systématiquement, et parfois violemment, rejetées par les partis de gauche PS-CDH-Écolo. Depuis 2014, le PTB siège également au Parlement et soumet des textes prônant le boycott, même des missions économiques. Critiquer un gouvernement démocratiquement élu doit-il vraiment empêcher d'entretenir des relations constructives sur les plans économique, culturel ou de la recherche ? Les conséquences de l'arrêt des échanges avec l'hôpital Érasme ou l'ULB sont directes et multiples. Au détriment de la science, du progrès et de la médecine.

154 Ces exemples étaient déjà mentionnés dans Viviane Teitelbaum, *Salomon, vous êtes juif !?*, *op. cit.*

Mi-juin 2003, une campagne où une photo représentant une orange juteuse d'où s'écoulent des gouttes de sang accompagnée de la légende suivante : « Les fruits israéliens ont un goût amer », « Refusez l'occupation de la Palestine, n'achetez pas de fruits et légumes israéliens » est diffusée par des organisations belges pro-palestiniennes[155]. Sous le texte apparaissent les noms de plusieurs sociétés israéliennes exportant leur production agricole.

En 2006, le site Internet de l'Association belgo-palestinienne, dans sa rubrique « Boycott des produits israéliens », rappelle la liste des membres de la Plate-forme francophone pour la Palestine[156], qui invitent – comme leurs homologues flamands – à boycotter les produits israéliens.

L'été 2006 sera meurtrier au Moyen-Orient, et l'impact sera donc immédiat en Belgique. Fin 2006, le comité Vlaams Palestina Komitee (VPK) en appelle au boycott des produits israéliens dans plusieurs villes et communes du pays. À Blankenberge, Bruxelles, Ixelles, Etterbeek, Hasselt, Ypres, Louvain et Schaerbeek, ce comité s'adresse aux clients de grandes surfaces pour les inciter à refuser d'acheter les produits israéliens, en particulier ceux des marques Carmel, Jaffa, Tivall et Sabra. Ce boycott dans les grandes surfaces se poursuit à intervalles réguliers. Et les actions touchent désormais toute l'Europe et tous les domaines, comme nous avons pu le voir.

155 La plateforme d'action Palestine, le Vlaams Palestina Komitee, 11.11.11, Oxfam, Broederlijk Delen, etc., dénoncés régulièrement par le journaliste Rudy Roth.

156 Il s'agit des associations suivantes : Association belgo-palestinienne, CADTM, Centre d'éducation populaire André Genot, CNAPD, CNCD, CNE, CSC, Femmes prévoyantes socialistes, FGTB wallonne, Magasins du monde-Oxfam, MIR-IRG, MCP, MOC, Oxfam Solidarité, Pax Christi Wallonie-Bruxelles, Quinoa, Service civil international, Secours populaire Wallonie-Bruxelles, Solidarité internationale des travailleurs Nord-Sud, Solidarité mondiale, Solidarité socialiste, Vie féminine.

Quand les artistes et les professeurs s'emmêlent

La culture est également devenue un enjeu, un nouveau champ de bataille. Des artistes de renom, des musiciens et des chanteurs ou des acteurs connus ainsi que des cinéastes rejoignent en 2006 la campagne européenne de boycott culturel d'Israël qui a commencé en Angleterre au printemps de l'année 2002. En 2010, des écrivains rejoignent la flottille pour Gaza et suite à l'attaque israélienne du bateau, d'autres artistes continuent à annuler leur venue en Israël. Le même scénario se poursuit jusqu'en 2015, parfois accompagné de courriers, de pressions individuelles ou de publications. Heureusement, certains artistes refusent de se laisser instrumentaliser et de ne pas se produire en Israël, ce qui n'empêche pas que certains qui s'y intéressent souhaitent ardemment une solution à deux États côte à côte ! Un producteur répondra à des pressions soutenues pour annuler un concert de Jacky Terrasson au Festival de jazz de la Mer rouge – mails, posts Facebook, harcèlement de BDS. Il leur écrit une longue lettre, dont voici quelques extraits :

« Certains de nos artistes refusent de jouer en Israël. Ce sont leurs convictions politiques, nous vivons en démocratie et nous respectons sincèrement toutes les opinions. Mais respectez les nôtres, nous pensons être plus utiles en étant invités à exprimer notre musique pour le peuple israélien plutôt qu'en refusant de venir jouer dans un pays dont nous désapprouvons les décisions gouvernementales. [...] Ne forcez pas les gens à penser ce que vous souhaitez qu'ils pensent... c'est de la dictature intellectuelle et de la manipulation, celle-là même que vous prêtez aux dirigeants israéliens. [...] La Palestine a besoin de soutiens internationaux, d'actions positives, de paix et ce n'est pas en prônant la violence (intellectuelle et verbale) et l'intolérance que vous l'aiderez. Je me suis moi-même rendu à

Ramallah pour y produire un concert gratuit de Shakti, soutenu par les Nations unies, et nous avons aidé à financer une école de musique pour les enfants victimes de la guerre. Voilà des actions positives, pacifistes qui ont un sens, de l'humanité. Mettre dos à dos les deux camps, ce n'est pas œuvrer pour la Paix, c'est mettre de l'huile sur le feu. [...] Dans mon agence, je représente des artistes musulmans, des artistes israéliens, beaucoup de religions, de nationalités différentes, et c'est un espace de tolérance, de paix, de dialogue. J'ai produit plus de 3 000 concerts dans le monde, et c'est la première fois que je reçois autant de missives désagréables. Vous, l'homme de science, vous devriez faire confiance à la rigueur de l'analyse au lieu de rentrer dans un conflit ouvert avec les artistes. Je terminerai par cette citation de Kofi Annan : "la tolérance est une vertu qui rend la paix possible".

Bien cordialement,

Christophe Deghelt. »

Info-Palestine.eu continuera à le harceler encore et encore[157].

Le champ académique est également investi par BDS en Belgique et ailleurs. Au cours de l'été 2015, je reçois copie du mail suivant[158] :

« Après longue réflexion, j'ai décidé il y a quelques mois de souscrire à l'appel BDS. Non par haine d'Israël, mais parce

157 Réponse à l'agent de Jacky Terrasson, Christophe Deghelt, à propos du Festival de jazz de la Mer rouge, vendredi 18 janvier 2013.

158 S'agissant d'un mail privé, je resterai discrète sur l'identité de la personne qui l'a rédigé.

que, à ce stade, la coopération avec les institutions israéliennes, y compris académiques, contribue me semble-t-il à une entreprise coloniale et haineuse dont je ne veux pas me rendre complice, qui me semble catastrophique pour les valeurs démocratiques que nous portons, et sans doute surtout parce qu'elle crée peut-être, et certainement attise et nourrit un antisémitisme primaire et imbécile, dont je ne veux pas que soient victimes mes petites-filles. Par contre, il me semble important – et cela a été décisif dans mon choix – que les chercheurs ou artistes, en tant que personnes, ne soient pas la cible directe de ce boycott. Bien tristement. »

Le virus est passé. Non seulement on adhère aux thèses d'un boycott, mais on le fait au nom du bien et pour contrer l'antisémitisme que génère la politique israélienne. La boucle est bouclée. J'en reste bouche bée. Cela me fait penser à ces machistes qui rendent les femmes coupables des inégalités de genre dans notre société et des violences qu'ils génèrent eux-mêmes. « On est victime et coupable », n'est-ce pas là le scénario idéal et une manière bien aisée de se débarrasser du problème ?

Trois visages hideux de l'antisionisme

Il est impossible de donner tous les exemples de cet acharnement. Pour comprendre sa vraie nature, reprenons simplement trois faits récents illustrant la manière dont il procède. Une manière de faire qui dérive vers un antisémitisme de plus en plus visible, comme l'explique Bernard Maro, directeur de recherche au CNRS, dans un article paru dans le *Hufftington Post*[159]. « Récemment, explique-t-il, des organisations propalestiniennes ont tenté de faire interdire l'événement "Tel-

159 Bernard Maro, « Boycott Israël : trop c'est trop », *Huffington Post*, 18 août 2015.

Aviv-sur-Seine"[160]. N'y parvenant pas, elles ont organisé "Gaza plage" pour, explique-t-il, faire entendre la voix de la Palestine occupée, colonisée, emmurée, bombardée. Or, si, en Palestine, il y a une occupation israélienne et des colons, ce n'est pas à Gaza. Les derniers colons ont été évacués en 2005 et l'armée israélienne s'est retirée de l'autre côté de la ligne verte (ligne de cessez-le-feu de 1949), frontière entre la Palestine (Cisjordanie et Gaza) et Israël. Reste le quatrième terme : bombardée. C'est le seul qui puisse s'appliquer à Gaza. Mais ces organisations oublient de dire que depuis qu'Israël s'est retiré en 2005, plus de 8 000 roquettes visant des zones civiles (deux par jour en moyenne sur 10 ans) ont été tirées depuis la Bande de Gaza sur l'État hébreu. » Et de poursuivre : « Ces organisations ont donc choisi comme étendard de la Palestine un territoire qui n'est ni occupé, ni colonisé, mais qui est sous le contrôle du Hamas : une organisation islamiste totalitaire, sexiste, homophobe dont la charte prévoit la disparition d'Israël et un statut de citoyens de seconde zone pour les non-musulmans. »

Par ailleurs, Maro rappelle l'utilisation de certains mots comme outils de désinformation. Comme le terme « génocide » ou l'amalgame « sionistes = nazis » ou encore « juif = sioniste » : on a donc pu entendre sur les quais de la Seine scander « sionistes, sales juifs, c'est vous les terroristes ».

Le second événement est le festival espagnol de musique « Rototom Sunsplash », qui avait invité Matisyahu, un chanteur américain juif de reggae et de hip-hop. Les pressions de BDS ont amené les organisateurs de ce festival à annuler sa prestation en raison de son refus de signer un texte pro-palestinien. Finalement, après des excuses, il a été reprogrammé. La question que l'on se pose est de savoir si l'on peut encore choisir de se produire en Israël ou dans le monde quand on

160 Un partenariat entre deux municipalités de gauche : Paris et Tel-Aviv.

est juif. Bernard Maro remarque : « Un pas de plus dans les dérives de BDS : si un artiste est israélien juif, il est boycotté, s'il n'est pas israélien mais juif, il doit faire allégeance à BDS pour pouvoir se produire. »

Ce qui m'a aussi interpellée jusqu'à la nausée est un troisième événement dénoncé par la journaliste Shiryn Ghermezian dans le journal *The Algemeiner*[161] : la publication sur une page Facebook soutenant le mouvement BDS d'une image photoshopée de prisonniers des camps nazis brandissant des slogans anti-israéliens. Sur cette photo truquée, des survivants squelettiques brandissent des pancartes où l'on peut lire : « Israël assassin », « Briser le silence autour de Gaza », « Arrêtez l'holocauste à Gaza » et « Arrêtez l'aide américaine à Israël ». Une pancarte à l'arrière-plan dit que Gaza est « le plus grand camp de concentration au monde », tandis qu'une autre affiche un drapeau palestinien avec les mots « Libérez la Palestine ». Sans commentaire.

À travers toute l'Europe et même bien au-delà, la stratégie est bien rodée, et, comme on l'a vu, en Belgique, le boycott d'Israël revêt une allure obsessionnelle pour devenir le point de ralliement de la plupart des organisations liées à la défense des droits de l'homme[162].

« Un jour, j'ai réalisé l'ampleur de l'antisémitisme de gauche, de l'antisémitisme laïque »

Le mouvement BDS s'inscrit bien sûr dans un courant plus large, celui de l'antisémitisme de gauche, prétendument pro-

161 « Scandale : BDS profane les camps de la mort ! », publié sur Jforum.fr le 4 décembre 2014.

162 Sara Brajbart-Zajtman, « Le boycott, arme de persuasion massive ! », *L'Arche*, 17 juillet 2015.

gressiste. Pour évoquer ce courant, je me suis entretenue avec Eddy Caekelberghs.

Fondateur et présentateur de l'émission radio quotidienne « Face à l'info », il retrace quotidiennement les enjeux, les stratégies, les fondements des faits et tendances de l'actualité[163]. Humaniste, libre-penseur, il ose poser des questions qui fâchent et n'a pas peur de se remettre en question. Il m'a donc accordé un entretien sans faux-fuyants.

Adolescent déjà, le futur journaliste est curieux, assoiffé de lectures. Au long de son parcours, plusieurs « déclics » orienteront ses engagements politiques et humanistes. À commencer par celui qui pousse à l'action, car il est très sensible à « l'expérience qui boude l'expérience collective » : la Shoah. C'est notamment à travers les lectures d'Arthur Koestler – *La Tour d'Ezra* ou *Le Zéro et l'Infini* – qu'il s'imprègne des mémoires de l'auteur sur son séjour en Palestine, ainsi que de son vécu sur la guerre et le nazisme, tel un compagnon de route, séduit par ses idées progressistes auxquelles il s'identifie. Dès lors, il est attiré par l'État d'Israël et s'inscrit pour un voyage qui allie séjour en kibboutz et visite du pays. Malheureusement, le voyage est annulé. Il est déçu et son affection pour ce pays qu'il aime – qui arrive à faire fleurir le désert – et qui est victime d'agressions augmente encore.

Puis il s'inscrit à l'ULB pour faire des études de sciences politiques et de relations internationales. Là, il est sensibilisé aux grands débats de société.

> « Je suis romantique, capable de m'enflammer pour les grandes causes. La période est agitée par de nombreuses

163 Journaliste, secrétaire de rédaction à la RTBF, il a également été président de l'Union des anciens étudiants (UAE) de l'ULB. Il a toujours traité les questions de société, de culture et a souvent animé des débats.

> tensions internationales, mais je reste convaincu que l'idéologie de gauche est la solution. À cette époque, après les assassinats terroristes aux Jeux olympiques de Munich, les attentats dans les avions et autres violences, je considère les fedayins palestiniens comme des assassins. Mais lorsque Golda Meir[164] quitte la politique et que les progressistes quittent le pouvoir, je perds mes références collectivistes. Lisant *Le Monde* de l'époque et découvrant cette droite israélienne au passé trouble, j'ai l'impression d'être spolié de mon Israël de "goy[165]". En même temps, je vois que c'est Menahem Begin[166] qui arrive à faire la paix avec l'Égypte et qui invite Sadate[167] à Jérusalem. Ensuite, il y a la prise d'otages américains en Iran avec l'arrivée au pouvoir de Khomeiny et le Liban qui se désagrège, le rôle de l'Arabie saoudite… Je suis traversé de doutes… »

Mais Eddy Caekelberghs déteste donner raison à la droite israélienne, assimilée pour lui aux nationalistes, aux religieux et aux terroristes sous le mandat britannique. Il gomme cet Israël qu'il a aimé, d'autant qu'il se sent dépouillé d'un compagnon lors du suicide de Koestler, dont il rend – à tort ou à raison – la déception vis-à-vis de la politique d'Israël en bonne partie responsable. Depuis ce moment-là, il n'entend plus de voix israélienne, ne veut plus voir cette partie de la réalité.

164 L'une des fondatrices de l'État d'Israël, successivement ministre du Travail, des Affaires étrangères et ensuite Premier ministre de 1969 à 1974.

165 Terme par lequel, depuis l'époque biblique, les Juifs désignent les non-Juifs, selon le *Larousse*.

166 Premier ministre d'Israël de juin 1977 à octobre 1983, membre du parti de droite « Likoud ».

167 Anouar el-Sadate, président égyptien de 1970 à son assassinat en 1981. Prix Nobel de la paix, il sera le premier dirigeant arabe à effectuer une visite officielle en Israël en 1977.

Qu'est-ce qui provoque un nouveau déclic ? Des rencontres.

> « La première voix qui va me secouer profondément est celle de ma collègue Jacqueline Pollak. Elle est capable de couvrir des événements dans toute leur complexité. Elle a un carnet d'adresses qui couvre un très large spectre politique (j'utilise encore certains de ses contacts !) et bien qu'elle soit juive, elle n'en parle pas mais pose ses limites de manière claire. Ensuite, il y a les Susskind et l'ouverture vers le CCLJ[168]. Mais aussi Jean Gol, avec qui j'ai des entretiens sur l'Europe lorsqu'il siège au Parlement européen et qui me parle de son judaïsme. Bien qu'on sache qu'il est juif, il n'en fait pas état, mais il souffre des opprobres. »

Tous ces rapprochements vont ramener plus de sérénité dans sa relation vis-à-vis des Juifs et d'Israël.

Entre-temps, l'antisémitisme s'exprime de plus en plus fort et de nombreux Juifs ont la nette impression que les journalistes manquent d'empathie ou banalisent ce qui leur arrive. Il est invité à une soirée au Cercle Ben Gourion[169] avec son collègue Jacques Gevers du *Vif* pour entendre les témoignages de membres de la communauté qui ont vécu des insultes ou des menaces antisémites.

> « J'en suis sorti meurtri, heurté, ayant l'impression d'avoir été piégé et de me retrouver face à un tribunal. »

C'est alors qu'il rencontre Élie Barnavi[170], historien qui tra-

168 Centre communautaire laïc juif.

169 Centre communautaire juif de Bruxelles.

170 Historien, essayiste, chroniqueur, diplomate israélien, professeur émérite d'histoire de l'Occident moderne à l'Université de Tel-Aviv, conseiller scientifique auprès du Musée de l'Europe à Bruxelles.

vaille au Musée de l'Europe et qui deviendra plus tard ambassadeur d'Israël en France et qui lui donne espoir et prépare le terrain d'un changement.

Et puis ce dernier déclic. Un rendez-vous qui doit durer une demi-heure se prolonge pendant huit heures.

> « Comme président de l'UAE, je rencontre Jonathan De Lathouwer, président de l'UEJB, et je réalise l'ampleur de l'antisémitisme de gauche, de l'antisémitisme laïque, qui tous deux s'en prennent aux Juifs en les identifiant aux nazis, aux terroristes, en qualifiant la politique d'Israël d'apartheid. Je ressens un énorme malaise et j'ai “mal à ma gauche”. Je connais l'antisémitisme d'extrême droite, les négationnistes, les Dieudonné et Soral, et quand je réalise tout cela, je suis effrayé par les silences étranges des journalistes, le déni de certains confrères face à des discours sereins, l'inculture des jeunes journalistes. Bref, je suis sidéré et me sens impuissant quand je vois sur le campus des jeunes prêts à désigner des boucs émissaires et d'autres qui laissent faire, et aussi des professeurs sans réaction dans mon *alma mater*, qui a pourtant résisté à l'occupant nazi. Et quand Jonathan me dit qu'il veut faire bouger les lignes, je décide de le soutenir. Nous devenons des compagnons de route.
>
> Je suis particulièrement sensible et horrifié par la banalisation d'une parole antisémite et l'absence de recul historique, culturel et politique sur nos campus, qui (sous la pression de certains discours de personnalités d'extrême gauche, d'extrême droite, laïques et humanistes proclamées) polarisent et stigmatisent les Juifs comme sionistes et, donc, par voie de conséquence

> pseudo-indiscutable, complices d'une politique. Bref, je condamne cet antisémitisme qui affecte à tout Juif ou non-Juif qui proclame le droit à l'existence de l'État d'Israël l'obligation de rajouter que "l'État juif n'agit pas en son nom". C'est insupportable mais tient le haut du pavé à l'ULB, même dans les sphères dirigeantes !
>
> Et je dénonce BDS, car je suis heurté par le fait qu'un tel cercle soit reconnu à l'ULB. Le recteur, Didier Viviers, ne le soutient pas, mais le président et le vice-président du conseil d'administration lui sont favorables. L'UAE désavoue les autorités de l'ULB quand elles ne réagissent pas face à certains actes hostiles et actions antisémites. Je veux parler et entendre toutes les voix, des deux côtés. Car une fois que la conjonction des choses est établie, il faut que je redevienne l'acteur d'un dialogue. »

Pour le journaliste, il faut construire des ponts. Et la majorité des membres de l'UAE le suivent et le soutiennent dans ses démarches depuis l'affaire Chichah.

> « Je reçois des centaines de mails et de lettres de membres qui veulent sanctionner BDS et démissionner, mais nos actions les convainquent et ils restent. Mais au sein des cercles de gauche et d'extrême gauche, ce nouveau relativisme qui nazifie les Juifs et met dos à dos BDS et l'UEJB est consternant. Ils attaquent les personnes et les institutions juives, arguant que s'ils ne prennent pas leurs distances avec Israël, ils sont complices d'un génocide. La confusion est totale. »

Aujourd'hui, il est déterminé à combattre et se demande où sont les humanistes, les laïques, les francs-maçons dans cette bataille contre l'antisémitisme et BDS.

> « Parfois, on me dit que j'en fais trop, mais trop de quoi ? Et pourquoi n'est-ce trop que d'un côté ? Je pense que quand des valeurs sont bafouées, il faut oser le dire », conclut le journaliste.

Et en Flandre ?

Si Eddy Caekelberghs insiste sur sa découverte d'un antisémitisme de gauche et laïque, il n'en demeure pas moins que, surtout au Nord du pays, la vieille figure d'un antisémitisme nationaliste et de droite continue à avoir droit de cité.

Pour en parler, je rencontre Maurice Einhorn. Antifasciste, progressiste, il s'insurge contre toute forme d'antisémitisme : dans la littérature, en politique, dans les médias, de l'extrême gauche à l'extrême droite, il en fustige toutes les expressions, construit son argumentation et connaît l'histoire.

Parfois, il a l'impression de ne pas reconnaître le pays où il a grandi, et vécu, de son enfance à Anvers à sa vie adulte à Bruxelles, même si l'antisémitisme était déjà présent dès l'école.

> « J'ai été scolarisé dans l'enseignement néerlandophone et j'ai grandi en entendant des remarques antisémites de la part de mes condisciples et même parfois de mes professeurs. Tout cela n'est donc pas nouveau. On a pu avoir l'impression d'une accalmie, d'un recul après la guerre, mais cela a vite réapparu. Pendant des années, par déni, refusant de le voir, les Juifs belges ont ignoré son développement mais il était présent. En réalité, beaucoup de Juifs s'en protègent en fréquentant essentiellement des Juifs dans

leur vie privée et professionnelle. Cela n'a pas du tout été mon cas. Je suis entièrement immergé dans un milieu non juif et je peux dire que je considère que le fait d'être Juif a plutôt nui à ma carrière. »

L'expression de l'antisémitisme est-elle différente en Flandre ?

« Il est difficile de dire si c'est pire dans l'une ou l'autre région du pays. La particularité de la Flandre réside dans son lien avec le nationalisme. Même si, en Wallonie, il y a eu Degrelle, cet antisémitisme avec une connotation hyper-nationaliste a été un épiphénomène et a disparu après-guerre. En Flandre, au contraire, l'ambiguïté reste totale. Au sein de la Volksunie (VU), les courants antisémites étaient fortement présents. Aujourd'hui, alors que la N-VA est l'héritier spirituel de ce parti, son président Bart De Wever se présente comme le défenseur des Juifs et prône la lutte contre l'antisémitisme. Cette alliance est-elle dictée par de nouvelles priorités ou par une haine plus marquée des musulmans, comme d'aucuns l'affirment ? C'est difficile à dire. En tout cas, sur le problème de l'antisémitisme, il est à ce jour irréprochable, même si pour moi ses motivations ne sont pas très claires. On ne peut non plus ignorer que beaucoup d'anciens de la Volksunie ont rejoint les rangs du Vlaams Belang, situé, lui, à l'extrême droite la plus radicale, mais aussi du VLD ou du sp.a, où les déclarations et actions de certains sont clairement encore empreintes d'un vieil attachement aux idées de la VU. »

Même sur le plan de la mémoire, Bart De Wever a reconnu que la collaboration est une faute, c'est donc un revirement depuis l'époque où il critiquait le bourgmestre Janssens pour avoir présenté ses excuses au nom de la Ville d'Anvers[171].

Maurice Einhorn revient aussi sur l'influence de BDS en Flandre :

> « Le mouvement BDS est très influent aussi bien au Nord qu'au Sud du pays. Certaines figures importantes dans le domaine médical ou académique y apportent leur soutien ou prennent l'initiative de sites et de pétitions. On a pu lire récemment un article de Lieven De Cauter, de l'Université catholique flamande de Louvain, dans *Le Soir*, particulièrement virulent, totalement placé dans l'optique des Juifs fauteurs de guerre et qui va jusqu'à prétendre que l'hostilité entre chiites et sunnites – qui date, rappelons-le, du haut Moyen Âge – est due aux intrigues des sionistes. »

De nombreuses autres personnalités, moins caricaturales, n'hésitent pas à rejoindre les rangs de BDS. Il y a bien entendu aussi les résidus d'une extrême droite avec le Vlaams Belang.

De manière générale, la haine d'Israël est très forte en Belgique

> « Par contre, poursuit Maurice Einhorn, l'antisémitisme de gauche "tiers-mondiste" est moins présent en Flandre que du côté francophone, même s'il existe. Je ne peux par ailleurs que rappeler les paroles de l'ancien Premier ministre Elio Di Rupo, qui disait : "Je suis

171 Viviane Teitelbaum, *Salomon, vous êtes juif !?*, *op. cit.*, pp. 162-167.

> Charlie. Je suis juif. Je suis palestinien[172]." Cette ahurissante déclaration, tout à fait hors de propos en ce qui concerne le massacre commis à *Charlie Hebdo*, a plongé la communauté juive entière dans une stupéfaction profonde. »

Guy Wolf[173] l'a rappelé dans une tribune intitulée « Polémique : pourquoi le PS dit-il : "Je suis palestinien ?" » publiée le 15 janvier 2015. Il dit entre autres : « Qu'en ce jour, dans les rues de Belgique et de France, on tue des Juifs parce qu'ils sont Juifs. Aucun Palestinien n'a été tué, ici, pour ce qu'il était, ni en aucune autre circonstance, bien heureusement. Alors pourquoi cette identification ? Parce que l'on ne peut pas reconnaître que l'antisémitisme existe, ici et aujourd'hui, sans penser que ce serait offenser les musulmans ? » L'ancien Premier lui répond : « J'ai rappelé avec force que la lutte contre l'antisémitisme doit être une cause nationale [...]. À travers mes propos, j'ai voulu exprimer qu'à l'inverse de ce que professent certains semeurs de haine, il n'y a aucune contradiction à condamner durement l'antisémitisme ET à être partisan de la création d'un État palestinien coexistant de manière pacifique avec l'État d'Israël. »

Ce que précisément Maurice Einhorn dénonce :

> « C'est une radicalisation de la mouvance de gauche – PS-Écolo –, où on joue sur l'émotion et on se focalise en permanence sur un seul des 60 conflits qui agitent le monde. »

172 Et il poursuivait la litanie avec : « Je suis victime de Boko Haram. Je suis victime de tous les actes de violence et de haine. »

173 Avocat, président de la communauté juive de Liège et vice-président du CCOJB.

Est-ce plus fort en Belgique qu'ailleurs en Europe ?

> « Il me semble que oui, même si les problèmes existent dans de nombreux pays comme en France, par exemple. Mais là, il n'y a pas le même déchaînement de haine anti-Israël que chez nous. Que ce soit dans la presse écrite ou télévisée. En fait, en Belgique, il n'y a jamais de remise en question fondamentale de quoi que ce soit et certainement pas de soi-même. Plus qu'ailleurs, on aime bien recouvrir d'un voile les choses gênantes. Comme par rapport à la colonisation. Jean Daniel, ancien directeur du *Nouvel Observateur*, a écrit naguère, dans *Le temps qui reste*, que "le Belge était considéré comme le colonisateur le plus détesté en Afrique". Or, chez nous, il n'y a aucune mauvaise conscience réellement exprimée sur le sujet et analysée.
>
> Pour ce qui est de l'antisémitisme ambiant, on rappellera qu'en 1949, Casterman, le plus grand éditeur belge de bande dessinée, a publié une BD d'un antisémitisme répugnant appelée *La trahison de Judas*, et ce, peu, très peu de temps après la fin de la Shoah et le retour des survivants. Ou encore l'antisémitisme chez Hergé, que les tintinologues patentés ont toujours réfuté, malgré des preuves éclatantes. »

Pour le journaliste, les formes les plus importantes de cet antisémitisme en Belgique sont aujourd'hui incontestablement BDS et l'antisionisme.

> « Faut-il préciser que le terme même d' "antisionisme" constitue aujourd'hui une dérive de langage ? Conçu

> et exprimé pour désigner la critique d'Israël, le mot implique, bien au-delà de cette opposition à la politique du gouvernement, un rejet de l'État en tant qu'État juif. Ce n'est pas être contre Netanyahou ou la politique d'un gouvernement. C'est un détournement qui a de lourdes conséquences. Tout comme BDS qui mène, à mon sens, à une dérive gravissime. Surtout lorsqu'il s'implante dans les universités qui sont des lieux par excellence où l'on devrait nager à contre-courant et rejeter la pensée unique et le politiquement correct. »

Mais ces personnes le font en plus en estimant agir au nom du « bien », d'une noble cause…

Et Maurice Einhorn de poursuivre :

> « Il faudrait peut-être comprendre qu'il faut arrêter de lutter pour le bien. Il suffirait de s'opposer au mal. S'il est compréhensible que des musulmans s'identifient aux Palestiniens, ce n'est pas la même chose pour les non-musulmans, si ce n'est pour adopter de nouveau une posture antisémite. Prenons un autre exemple : l'organisation par la maire (socialiste) de Paris de l'activité "Tel-Aviv-sur-Seine". Quand on voit les réactions, on se dit qu'il serait totalement impossible d'organiser ici un événement du même genre. Cela aurait des répercussions ultra-violentes ! »

Peut-on être optimiste quant à la possibilité de changer les choses ? Le journaliste est direct :

> « Non, pour moi, le verre est toujours à moitié vide. Le seul bémol à mon pessimisme, c'est que malheureusement, depuis les derniers attentats, la société réalise que

les dangers et menaces de l'islamisme ne touchent pas que les Juifs, mais tous les citoyens. Nous ne sommes plus l'unique cible, cela fera peut-être une différence. »

Ceci est-il spécifique à la Belgique ?

« Non, mais ici, encore une fois, c'est différent. En France, il y a aussi des intellectuels, des journalistes qui prennent le parti de critiquer l'antisionisme ou les campagnes BDS. Mais peu d'entre eux expriment comme chez nous un antisionisme radical. En France, l'antisémitisme que j'appellerais "quotidien" est plus fort, mais au niveau médiatique et politique, c'est nettement moins chargé que chez nous. Le "prêt-à-penser" est plus présent en Belgique. Chez nous, il y a peu d'intellectuels "libres" en termes de pensée. Et les courants dominants sont répercutés dans les universités et les écoles de journalisme. Dès lors, il ne faut pas s'attendre à un changement dans un futur proche… »

Peut-on encore faire quelque chose ?

« Comme le disait Guillaume d'Orange-Nassau, dit Le Taciturne, "point n'est besoin d'espérer pour entreprendre, ni de réussir pour persévérer". Si la marge de manœuvre qui nous reste me semble donc faible, il faut néanmoins agir. Essayer d'enrayer cet engrenage où tout ce qui est présenté comme rationnel est automatiquement rejeté, où l'on n'arrive pas à convaincre même en présentant des faits et des chiffres. Aujourd'hui, en Belgique, le Juif, via Israël, est redevenu le bouc émissaire, le coupable idéal. Avec les antisionistes et BDS, on voit que le dialogue est rompu et a cédé la place à une violence et à une haine inouïes. »

PARTIE 3.

Être juif en Belgique aujourd'hui

7.
« En étrange pays dans mon pays lui-même[174] »

Depuis plusieurs années, une partie de la communauté juive est inquiète quant à son avenir et à celui de ses enfants. Il est rare de passer une soirée entre amis sans que l'un ou l'autre n'évoque la montée de l'antisémitisme en Belgique. D'ailleurs, quelques-uns, pour l'instant une minorité, sont partis. D'autres en parlent ou y pensent.

Dans un pays qui est le leur, nombreux sont les Juifs qui se posent des questions. Pour la plupart, il ne s'agit pas d'une peur véritable, mais plutôt d'un malaise, d'une inquiétude diffuse, d'une lassitude, d'un dégoût face aux trop nombreux actes antisémites qui se répètent. Les idées véhiculées sur Internet, mais aussi par une partie de la presse et du monde politique, que ce soit à gauche ou à droite, ne font que renforcer ce sentiment. Rarement, ces expressions sont condamnées politiquement. Quand elles le sont, c'est seulement du bout

174 Louis Aragon, *En étrange pays dans mon pays lui-même*, 1945. Poète, romancier, intellectuel engagé, résistant et communiste (3 octobre 1897-24 décembre 1982), il consacre certains textes – des recueils de guerre – à la Résistance et à la traque des Juifs.

des lèvres. Plus rarement encore, elles sont sanctionnées juridiquement. Trop peu de voix s'élèvent pour les rejeter : on a parfois l'impression que l'antisémitisme, en dehors de ses manifestations les plus violentes, ne suscite que peu d'émotions au sein de la société belge.

Il faut se souvenir que nous sommes pour la plupart enfants et petits-enfants de survivants de la Shoah. Même si les témoins disparaissent lentement, leur vécu nous habite, plus ou moins fortement. Le manque de courage politique résonne donc d'une manière forte chez chacune et chacun d'entre nous et nous comprenons particulièrement bien ce que signifient ces mots d'Albert Einstein : « Le monde ne sera pas détruit par ceux qui font le mal, mais par ceux qui les regardent sans rien faire. » Ces paroles prennent lorsque nous nous retournons sur nos histoires familiales un relief particulièrement inquiétant. Les lignes rouges sont franchies et les verrous sautent les uns après les autres sans qu'une réaction forte ne se fasse sentir. Et nous nous rappelons jusqu'où l'indifférence a pu mener il y a si peu de temps.

Certes, personne ne compare la Belgique ou l'Europe d'aujourd'hui à l'Allemagne nazie. Mais la montée de l'antisémitisme est toujours progressive et nul ne peut affirmer aujourd'hui où se terminera ce nouveau chapitre de l'histoire des Juifs en Europe. Comment réagir quand on ressent une hostilité qui s'installe de plus en plus ? Quand la solidarité avec les Palestiniens, que nombre d'entre nous partagent d'ailleurs, se mue progressivement en une obsession palestinienne, puis en frénésie anti-israélienne.

Et la frénésie anti-israélienne a ceci de particulier que ceux qui s'y laissent prendre ont trop souvent tendance, explicitement ou implicitement, à faire de tout Juif un suspect. Il ne faut jamais chercher bien loin pour en trouver des exemples. Jeter un œil sur l'actualité suffit trop souvent, comme pour Matisyahu, ce chanteur de reggae américain, qui a bien failli être déprogrammé du festival « Rototom Sunsplash » en Espagne. Sa faute ? Être juif et ne pas avoir accepté d'être contraint pour cette seule raison de signer une déclaration par laquelle il se désolidarise des politiques de l'État d'Israël. Entre-temps, les organisateurs se sont heureusement rendu compte de leur erreur – fruit du boycott et d'une campagne de pressions, menaces et contraintes exercées par BDS – et ont fait savoir que le festival « présent[ait] ses excuses les plus sincères à Matisyahu ».

J'ai conscience que certains trouveront que tout cela est normal et, si j'ose employer ces mots, « de bonne guerre ». Il entre dans l'ordre naturel des choses que des groupes de pression se fassent entendre et, pourquoi pas, utilisent tous les moyens possibles et légaux pour atteindre leur but. Il faut donc que je m'explique davantage et la meilleure façon de le faire est de transposer cette situation à d'autres cas.

Imaginerait-on, par exemple, le chanteur français Michel Polnareff, pour la seule raison qu'il chante en russe et que son père est né là-bas, de signer une déclaration par laquelle il se désolidarise des actions de Poutine en Russie avant d'être autorisé à chanter ? Imagine-t-on la Ville de Bruxelles subir des pressions pour annuler un concert de musique congolaise intitulé, par exemple, « Une nuit à Kisangani », en protestation contre la politique de Kabila ? On pourrait multiplier ce type d'exemples à l'envi et la réponse serait toujours la même : absolument pas ! Dans tous ces cas, comme dans bien d'autres, c'est le refus de l'amalgame qui l'emportera. On en a même fait un slogan récemment : « pas d'amalgame »… Aurait-il fallu rajouter à la fin « sauf pour les Juifs » ?

Aujourd'hui, de nombreux Juifs ne comprennent plus leurs collègues, leurs connaissances, ou parfois même leurs amis. Ils craignent une signature de l'un sur une pétition pro-boycott ou de l'autre un post Facebook rédhibitoire. Le pacte de la convivialité semble brisé et la confiance envolée.

La menace antisémite ne se mesure pas uniquement aux incidents recensés. C'est également le climat d'hostilité et de méfiance, le sentiment d'insécurité et de malaise qui en constituent le baromètre. Aujourd'hui, les membres de la communauté juive ont peur d'afficher leur judéité dans quelque lieu ou circonstance que ce soit. Ils ne peuvent circuler comme tout citoyen belge en toute sécurité s'ils portent une kippa ou une étoile de David. L'antisémitisme reste une menace bien réelle pour la démocratie.

Il se retrouve en rue, à l'école, à l'université, sur Internet, dans les forums des journaux, sur Facebook bien sûr, dans des courriers et des courriels, dans l'antisionisme obsessionnel et entêté, dans les prêches de mosquées, dans les discours négationnistes, populistes, extrémistes, gauchistes, fascistes... En Belgique, on l'a vu, les incidents antisémites sont en hausse constante, particulièrement et paradoxalement plus encore depuis l'attentat au Musée juif.

Ainsi, fin juillet 2014, *Joods Actueel*[175] rapporte qu'un médecin flamand a refusé de soigner une dame juive anversoise de 90 ans qui souffrait d'une fracture de côtes. Quand son fils demanda à un médecin de se rendre le mercredi vers 23 heures au domicile de sa mère, celui-ci refusa et donna l'avis « médical » suivant : « Envoyez-la dans la Bande de Gaza et au bout de quelques heures sur place, elle ne se sentira plus la douleur. »

175 *Joods Actueel* est le successeur de l'hebdomadaire *Belgisch Israëlitisch Weekblad.* Le magazine mensuel juif néerlandophone a été lancé en 2007.

Le médecin avait repéré qu'il s'agissait d'une patiente juive à l'accent américain de son fils, à son patronyme à consonance juive et au quartier où elle habite à Anvers. Contacté par un ami de la famille, il a expliqué qu'il avait réagi à chaud.

En 2014 toujours, c'est une « médiatrice interculturelle » employée par l'hôpital Saint-François à Heusden-Zolder qui, dans un commentaire laissé sur le Web, faisait dire à Hitler qu'« un jour on le maudirait pour avoir laissé en vie quelques Juifs[176] ».

En avril 2012, un médecin de l'UZ Brussel a été suspendu, malgré des excuses que l'on ne peut qu'imaginer forcées, pour avoir notamment lancé un « *Sieg Heil*[177] » et conseillé à un stagiaire assistant orthopédique en cinquième année d'études de « retourner dans les chambres à gaz ». L'incident s'est produit au cours d'une opération.

En mai 2012, dans le train de 16 heures 51 reliant Namur à Bruxelles, les passagers ont pu entendre via les haut-parleurs l'annonce ahurissante suivante : « Bienvenue dans ce train à destination d'Auschwitz. Tous les Juifs sont priés de descendre à Buchenwald. » Une plainte a été introduite auprès du service médiation de la SNCB.

Récidive le vendredi 31 janvier 2014 : vers 17 heures 12, avant l'arrivée à Ottignies du train reliant Liège à Bruxelles via Namur : « Mesdames et Messieurs, nous allons à Auschwitz. Tous les Juifs sont priés de descendre prendre une petite douche. » Le fait serait bien connu de la SNCB et des contrô-

176 « Une employée d'un hôpital belge cite Hitler et souhaite la mort des Juifs », publié sur http://philosemitismeblog.blogspot.be le 16 juillet 2014.

177 Salut nazi ou hitlérien exécuté le bras et la main droite tendus. D'abord signe de ralliement au fascisme italien, il est ensuite adopté par Hitler.

leurs : des jeunes, possédant manifestement une clé, ont accès au micro, comme l'ont révélé plusieurs « plaisanteries » ces deux dernières années sur cette ligne. Sauf que les autres « plaisanteries » ne sont pas à caractère « raciste », contre qui que ce soit.

Et les violences physiques ne sont pas rares non plus. Le 13 août 2014, une femme âgée de 75 ans est victime d'une agression antisémite dans les services de l'administration communale d'Ixelles. La victime se rend en matinée à la maison communale pour y retirer des documents. Un jeune homme, qui se trouve derrière elle dans la file, entend son patronyme à consonance juive lorsqu'elle est appelée au guichet. Quand la victime se retrouve dans le sas de sortie, le suspect la frappe et la pousse au sol tout en criant son nom de famille et en l'insultant. La septuagénaire, qui souhaitera conserver l'anonymat, présentera des hématomes à la jambe. Son agresseur ne pourra pas être identifié. Dans la même veine, toujours à Ixelles, une survivante quasi centenaire refuse timidement une interview pour le journal communal. « Dans mon quartier, les gens ne savent pas que je suis juive, j'ai peur qu'ils l'apprennent »...

Une violence aveugle... vraiment aveugle...

Il n'est d'ailleurs pas nécessaire d'être juif pour être victime de violence antisémite. Il suffit parfois de se trouver au mauvais endroit, de garer sa voiture sur le trajet d'une manifestation, de porter un nom à consonance juive ou de faire une livraison ou un petit boulot dans un lieu juif plus ou moins reconnaissable. Ainsi, le 14 juillet 2014, une manifestation de solidarité avec Gaza est organisée. Selon la police, 5 000 personnes y participent, scandant des slogans « Solidarité avec Gaza » et « Israël assassin ». L'affiche appelant à la manifestation représente un monceau de corps porteurs de keffiehs et de pantalons évoquant ceux des déportés des camps de concentration et d'extermination.

Le départ de la manifestation se situe à quelques mètres d'une synagogue bruxelloise. À la demande de la police, le président du lieu de culte a pris soin d'enlever la pancarte signalant l'édifice. Une précaution sans doute utile, puisqu'un premier incident a lieu pendant le cortège alors qu'un drapeau israélien taché de rouge est accroché par un manifestant autour du cou de la statue de la reine Élisabeth pour tenter d'y bouter le feu. Un feu qui sera vite éteint par le service d'ordre. À ce moment-là, plusieurs participants ont déjà choisi de quitter le cortège quand des « *Allahu Akhbar* » et des sourates du Coran[178] se sont mis à retentir.

Quand la manifestation se disloque, une centaine de jeunes, dont certains ont le visage recouvert par des keffiehs, brûlent les drapeaux israélien et américain en criant « mort aux Juifs ». Ils montent sur des voitures, brisent des vitres, vandalisent des abris de bus et des fenêtres de magasins, blessent plusieurs personnes, dont une femme enceinte.

Tout se termine quand un jeune homme, désigné comme « Juif » sans qu'on sache exactement pour quelle raison, est victime d'une chasse à l'homme. Il parvient heureusement à s'en sortir et confirmera par la suite n'avoir aucune attache particulière avec la communauté juive. La veille, les représentants des cultes juif et musulman ont appelé à ne pas « importer le conflit israélo-palestinien » en Belgique. Ils n'ont pas été entendus.

178 Marc Metdepenningen, « La manifestation pro-Gaza dérape à Bruxelles », publié sur Lesoir.be le 19 juillet 2014.

Il faut souligner que partout en Europe, lors de manifestations pro-palestiniennes, des slogans antisémites fleurissent et des dérapages violents sont constatés. À Paris, le 13 juillet 2014, une manifestation de soutien aux Palestiniens de Gaza tourne à l'affrontement à coups de pierres et de gaz lacrymogènes entre policiers anti-émeutes et militants pro-palestiniens. Après avoir tenté de s'approcher d'une première synagogue, au moment de la dissolution de la manifestation, place de la Bastille, certains manifestants décident de s'en prendre à une autre de la rue de la Roquette. Des cibles sont également prévues tout au long du parcours. Pour Shmuel Trigano[179], cet événement est un tournant dans la vague antisémite commencée au début des années 2000 et il le compare à un pogrom, qui a échoué, certes, mais qui peut recommencer et provoquer mort d'homme. Ce sont des mots qu'il écrit en juillet 2014…

L'histoire lui donnera malheureusement raison en janvier 2015. Il relie en pointillés ce discours qui serait uniquement un soutien aux victimes à l'expression d'un antisémitisme débridé quand il écrit : « L'acte est manifestement antisémite car ni les émeutiers ne sont des Palestiniens, ni les Juifs français agressés ne sont des Israéliens. L'événement est franco-français. Il émane non pas d'une idéologie politique mais d'une appartenance ethnique et communautaire, religieuse (arabo-musulmane). De même, sa cible ne concerne pas les adhérents d'un parti politique mais une appartenance ethnique et religieuse, les Juifs (pour l'occasion identifiés aux Israéliens), en deçà de toute option, ce qui en fait un acte typiquement raciste, quoiqu'un racisme de source religieuse comme les symboles identitaires des assaillants et leurs slogans le montraient. […] Le prétexte invoqué est dilatoire : il y a eu

179 Shmuel Trigano est un philosophe juif français qui écrit sur les questions politiques et religieuses, avec un accent particulier sur le judaïsme.

170 morts à Gaza[180], dont une majeure partie de terroristes, et 170 000 morts en Syrie. La comparaison vaut le détour car 170 000 morts n'ont suscité aucun scandale ni aucune compassion dans l'opinion musulmane. Aucune manifestation. Le caractère de prétexte est donc ici clairement évident. C'est les Juifs qui sont en question, pas les Palestiniens.

Depuis l'an 2000, la cause palestinienne est l'emblème de l'activisme islamique en France qui a trouvé dans l'antisionisme dominant dans les médias et la société une justification "morale" à son éruption violente sur la scène publique et une avenue à son développement[181]. »

La veille, le 12 juillet 2014, à Anvers, une manifestation s'est déroulée dans une ambiance similaire. Parmi plusieurs centaines de manifestants se trouvent des élus de Groen et du PVDA[182] ainsi que des membres de l'AEL. Alors que des cris « *Allahu Akhbar* » et « *Khaybar, Khaybar, ya yahud*[183] » ainsi qu'un appel à la destruction d'Israël sont entendus, les élus restent présents. La presse ne rapportera pas ces faits[184].

180 En date du 16 juillet 2014. À la fin du conflit, il faudra malheureusement multiplier ce nombre par 10. Le nombre de morts en Syrie aura malheureusement aussi augmenté.

181 Shmuel Trigano, « Le signal du départ ? », publié sur http://frblogs.timesofisrael.com le 16 juillet 2014.

182 Partij van de Arbeid – le parti du travail.

183 « *Khaybar, Khaybar,* ô Juifs, l'armée de Mahomet reviendra. » La bataille de Khaybar oppose, au VIIe siècle, Mahomet et ses fidèles aux Juifs vivant dans l'oasis de Khaybar, située à 150 kilomètres de Yathrib, actuelle Médine, dans la partie nord-ouest de la péninsule arabique, actuellement en Arabie saoudite. Cette bataille deviendra le symbole de la victoire musulmane sur les Juifs et constitue incontestablement un appel à la violence contre les Juifs.

184 Dénoncé par le Dr Rudi Roth, journaliste d'investigation.

Nouveaux marranes[185] ?

Cet antisémitisme qui devient acceptable, on le rencontre aussi parfois sur son lieu de travail. Ursula travaille pendant cinq ans à Molenbeek, puis elle est engagée à Anderlecht où elle restera quatre années avant de se faire licencier. Pendant cette période, elle a le sentiment que ses origines et sa double identité sont incomprises, en particulier par les membres de la communauté musulmane travaillant avec elle ou sous ses ordres. Réfugiée politique, athée, dont l'identité juive est essentiellement culturelle, elle est de surcroît une femme. Et cela pose autant de problèmes que son judaïsme au poste de direction qu'elle occupe.

Elle travaille dans le cadre des compétences d'un échevin et a la gestion des gardiens de la paix parmi ses responsabilités. Pour elle, le machisme et l'antisémitisme posent tout autant problème. Elle est pourtant fière de ce qu'elle a pu accomplir dans le service de prévention-police :

> « Quand j'ai débuté, il y avait une trentaine de gardiens de la paix, que des hommes. Aujourd'hui, il y en a une cinquantaine, dont 25 % de femmes. Pourtant, cela n'a pas été facile dans un milieu qui se radicalise sur le plan de la religion. J'ai pu me faire respecter car je n'ai jamais été à la confrontation, j'ai toujours privilégié le dialogue ; néanmoins, certaines choses deviennent difficiles à vivre. »

185 Mot espagnol (*marrano*) qui date de l'Inquisition et désigne les Juifs convertis qui continuaient à pratiquer le judaïsme en secret. Littéralement « porc », ensuite « Juif ou Maure converti au catholicisme », par sarcasme envers les convertis en raison de la répugnance qu'ils éprouvaient pour la viande de porc.

Ursula est souriante, déterminée et dynamique. Son travail, elle l'aime beaucoup. Ce qui rend les rejets d'autant plus difficiles à accepter.

> « Lors de la pose des pavés de mémoire[186], par exemple, certains gardiens de la paix ont refusé de participer ».

Ses collègues ? Certains la soutiennent, d'autres pas du tout. Mais à Anderlecht, c'est un travail de rue à la fois riche et compliqué.

> « Prenez par exemple la rue de la Clinique. On y trouve une mosquée, une synagogue[187] et une église. Certains gardiens de la paix sont proches des dirigeants de mosquées, mais moi, je n'ai eu aucun problème, je me suis rendue à la mosquée lorsque j'y été invitée, tout en respectant leurs traditions, c'est-à-dire en mettant un voile dans l'enceinte religieuse, ce qui m'a ouvert les portes. C'était important pour moi de le faire comme ça. »

186 Un pavé de mémoire – en allemand *stolperstein* – est un carré de béton de 10 cm de côté surmonté d'une plaque de laiton ou de cuivre gravé du nom et du destin de la victime du génocide nazi et placé devant la maison dans laquelle elle vivait. Il a été créé par l'Allemand Gunter Demnig et importé en Belgique en 2009 par l'Association pour la mémoire de la Shoah afin de rendre hommage aux victimes de la Shoah et instaurer un dialogue intercommunautaire favorisant des rencontres, des réflexions et des actions interculturelles et intergénérationnelles.

187 Il y a eu plusieurs incidents à la synagogue de la rue de la Clinique. Le dernier date du 16 septembre 2014 : la synagogue est la cible d'un incendie criminel. Le feu a été bouté au deuxième étage du bâtiment. La femme et deux enfants du gardien de l'édifice religieux, absent ce jour-là, ne sont heureusement que légèrement intoxiqués par la fumée. Le suspect sera intercepté en janvier 2015 dans la rue du Pélican à Bruxelles au cours d'un contrôle de routine. Incarcéré, il sera remis en liberté le 1er juillet.

Alors qu'à Anderlecht, elle n'affiche pas réellement ses origines, elle est tout de même confrontée à des questions et à des remarques. Par l'intermédiaire de son échevin, on lui fait savoir que les gardiens de la paix ne veulent pas être dirigés par une Juive.

> « Ils parlaient de mes origines juives entre eux avant, mais j'ai appris qu'ils ont continué après mon licenciement. »

Elle participe activement également à deux formations sur le radicalisme pour les éducateurs de rue et les gardiens de la paix. À ces occasions, elle constate une montée de paroles virulentes et intégrant les théories du complot assimilant les Juifs à la finance internationale, etc., qui l'interpellent.

> « C'est un élément non négociable, il n'est pas possible d'en discuter. Il est impossible de parler des Juifs, qui sont assimilés à l'argent et au complot, alors qu'ils n'en connaissent pas personnellement. Donc on s'adapte : il y a les choses dont on parle et ce que l'on ne dit pas. »

Ursula vient avec sa famille du Chili et ils sont accueillis comme réfugiés politiques au Service social juif. C'est ainsi qu'elle tisse ses premiers liens à Bruxelles.

Ursula y apprend aussi à réagir différemment en rue, par exemple.

> « À Molenbeek, à certains endroits, il y a des bastions masculins. C'est-à-dire qu'il est difficile de passer et on acquiert le réflexe, comme femme, de contourner le groupe d'hommes pour ne pas avoir d'ennuis. Cela m'aidera à Anderlecht plus tard, car cette commune est encore plus compliquée que Molenbeek. À

Anderlecht, le radicalisme musulman côtoie des lieux juifs (école, synagogue, mémorial), l'extrême droite augmente, le commerce de drogue fleurit et le trafic d'armes aussi. Et on a appris que des jeunes revenus de Syrie y ont élu domicile. On avance en terrain miné, il y a beaucoup de tensions et cela peut s'échauffer très vite. Vous ne serez donc pas surpris si je vous dis que certains gardiens de la paix refusent de surveiller des lieux juifs ou des sorties d'enfants, ou d'assister à la pose de pavés de mémoire… Il suffit d'une personne radicalisée pour qu'une dizaine de nouvelles recrues soient influencées et prennent le même chemin. Pas toujours jusqu'à l'extrême, mais le prosélytisme est présent. »

Ursula croit en la démocratie. Elle cherche un nouveau projet à développer. En même temps, elle veut rester sur le terrain, car sinon, « ils ne sauront même pas ce que c'est, un Juif ! »

Condamnés à être des Juifs honteux ?

Dans les administrations de certaines communes bruxelloises, la banalisation de l'antisémitisme s'est à ce point installée que des employés juifs dissimulent cet aspect de leur identité. Ils vivent en marranes au XXIe siècle.

Tamara (nom d'emprunt) est dans le secteur social depuis de longues années. Elle a toujours travaillé et habité dans les communes du croissant pauvre de Bruxelles. Elle s'est consacrée à l'aide aux personnes défavorisées et en situation précaire. Ensuite, elle a travaillé pendant cinq ans pour l'administration à Molenbeek-Saint-Jean. La question de l'antisémitisme y est bien réelle. Les autorités communales n'ont jamais considéré le problème.

> « Je n'ai jamais dit que j'étais juive, car je ressentais une hostilité latente de la part des collègues. Le lendemain des attentats à *Charlie Hebdo* et à l'Hyper Cacher, par exemple, dans l'administration, il y a des gens qui se sont réjouis. Disant "bien fait pour eux", parlant de théories de complot, etc. »

Tamara ne fréquente pas vraiment la communauté juive.

> « Je me suis écartée des milieux progressistes que je fréquentais car ils n'ont pas condamné les actes terroristes et les attentats de manière claire. J'en ai eu assez des dérives de l'extrême gauche, de son antisionisme, de l'amalgame entre Juif et Israélien. »

Elle commence à ne plus supporter l'animosité vis-à-vis des Juifs. Tamara ne parle jamais de son judaïsme dans ce contexte tendu. Aujourd'hui, elle le regrette. Les larmes aux yeux.

> « Peut-être aurais-je dû le dire, oser affirmer mon judaïsme... »

Mais à Molenbeek, le climat est difficile :

> « Il y a des zones de non-droit. On a pu voir "mort aux Juifs" tagué sur les murs. Un discours antisémite est bien présent, même chez certains fonctionnaires, un discours très lié à l'importation du conflit.
>
> Pourtant, on ressent une réelle méconnaissance du judaïsme, des Juifs et de la politique au Moyen-Orient.

Je songe à partir, confie Tamara. Car je ne veux pas que mon fils, encore tout petit aujourd'hui, doive jamais cacher ses origines. On doit pouvoir être fier de son héritage, le transmettre. »

Ses grands-parents, rescapés d'Auschwitz, ont toujours prôné l'intégration.

« Ils m'ont appris à ne pas me distinguer comme Juif mais à être fier de mon judaïsme et de mon héritage. »

Entre-temps, elle a été licenciée. En effet, en passe d'être nommée, ayant réussi les examens et rapports positifs de la hiérarchie à l'appui, l'échevin s'est opposé à sa nomination.

« Ceci sans aucune explication, et totalement à l'encontre des procédures légales de l'administration. Personne ne s'y est réellement opposé, bien que le secrétaire communal ainsi que d'autres responsables trouvaient cela profondément injuste, illégal et incompréhensible. »

Aujourd'hui, elle voudrait se réorienter vers l'éducation des jeunes générations, la transmission de l'histoire des différents génocides, l'apprentissage des diverses cultures afin qu'il soit plus facile de vivre ensemble.

« Tous ces événements m'ont fait changer. J'ai vécu à Molenbeek tête baissée. Ni étoile de David[188] ni aucun autre signe. Aujourd'hui, je suis fière et j'affirme mon identité. »

188 L'étoile de David ✡, littéralement « bouclier de David », est le symbole du judaïsme.

8.
Cas d'école

L'école est une institution à laquelle on n'échappe pas. Une fois dans ses murs, les élèves ne peuvent que vivre ou supporter ce qui peut s'y passer. Pour cette raison, la question des établissements scolaires est parmi les plus préoccupantes qui soient. Et les incidents qui ont émaillé la vie dans les écoles ces dernières années sont si nombreux que je ne pourrai en citer que quelques exemples saillants. La plupart de ces situations restent à l'intérieur des murs des écoles et ne sont que rarement rendues publiques.

Commençons avec Océane, 13 ans au moment des faits, agressée fin novembre 2011, rouée de coups, souffrant d'une commotion cérébrale et d'inflammation aux vertèbres. Son délit ? Être juive. Alors qu'elle sort d'un cours de sport au Centre sportif de Neder-Over-Hembeek, à Bruxelles, une altercation éclate avec cinq autres filles. La jeune fille juive, décidée à ne pas se laisser faire, dit en avoir marre qu'on lui manque de respect et de devoir subir toutes sortes d'insultes contre elle et sa famille.

Une des agresseuses s'exclame alors à la cantonade : « Ce n'est qu'une sale Juive ! » Une autre s'avance vers Océane et la gifle à deux reprises. Alors que la victime veut s'en aller, elle répète : « Ferme ta gueule, sale Juive, et retourne dans ton pays ! » C'est alors l'agression physique. Les cinq jeunes filles attrapent Océane par les cheveux et lui donnent des coups de genoux au visage. Elle essaye de se défendre.

Elle rentre à la maison en état de choc physique et psychologique. Sa famille porte plainte à la police de Bruxelles. Les filles sont identifiées et interrogées. La famille interpelle également les responsables de l'école. Personne ne réagit. Ni les politiques, ni les associations, ni les médias. Après la publication de l'information sur le site www.antisemitisme.be, je dois lancer l'alerte moi-même pour déclencher une prise de conscience dans les médias. C'est choquant. Et ce ne sera pas la seule fois.

Une gamine de 13 ans est rouée de coups parce qu'elle est juive. Ici, à Bruxelles, et tout le monde se tait. Le travail au sein de l'école ne permettra pas d'apaiser les tensions. Océane devra quitter l'établissement. La plainte déposée par les parents sera classée sans suite. Un exemple dans lequel l'attitude du parquet est incompréhensible et très interpellante : en effet, lorsque le parquet « classe sans suite », il a l'obligation de dire pourquoi. Il ne le fait pas toujours, ce qui a souvent peu d'importance, comme lors d'infractions de roulage. Mais ici, l'avocat pose la question et la réponse est choquante : il a classé sans suite car les filles qui ont agressé physiquement l'élève juive n'ont pas d'antécédents. Ce qui semble évidemment un non-sens ! Il y a toujours une première fois. Sinon, cela voudrait dire que lors d'un premier meurtre, on ne condamnerait pas l'assassin vu qu'il n'a pas d'antécédents ! On peut en tenir compte pour la gravité de la peine, mais pas se débarrasser du problème et laisser la victime et sa famille avec un sentiment d'incompréhension. Malheureusement, dans ces cas, on ne peut pas faire appel de la décision. La seule option est d'agir au civil, ce qui déplacerait le débat. Ce qui m'interpelle réellement, c'est que dans ce cas, le parquet ne se soit pas saisi d'initiative des poursuites et n'ait pas entamé lui-même la procédure.

Ainsi, certaines écoles de la Ville de Bruxelles sont progressivement devenues « *Judenfrei* », selon l'expression de l'hebdomadaire *Le Vif/L'Express*, début 2015. Un échec à mettre au compte d'un antisémitisme ordinaire que les autorités bruxelloises sont impuissantes à maîtriser, écrit la journaliste Marie-Cécile Royen[189]. Épuisée par le harcèlement dont elle fait l'objet, la dernière élève juive de l'Athénée Émile Bockstael quitte ainsi son établissement dans une indifférence totale.

Alors que dans *Le Vif* du 2 au 8 décembre 2011, un autre article précisait : « Pas de boom dans les écoles juives », depuis lors, la situation se détériore dans de nombreux établissements du Nord de Bruxelles, créant un mouvement certain vers ceux de la communauté juive. Marie-Cécile Royen écrit : « Dans cet établissement secondaire de la Ville de Bruxelles, à Laeken, il n'y a pas eu de manifestations ni de pétition pour s'inquiéter de l'absence de Sarah (prénom d'emprunt), lors de la rentrée de septembre 2014. À 15 ans, elle aurait dû être en 4e latin-sciences avec tous ses camarades. C'était la dernière élève juive de l'athénée Émile Bockstael. Elle a rejoint la cohorte de ces jeunes Juifs forcés, pour des raisons de sécurité, de migrer vers l'enseignement libre confessionnel. Le réseau public ne parvient plus à garantir le "vivre ensemble" entre ses murs. » Sarah subissait des petites vexations au quotidien et des intimidations à caractère antisémite de la part de certains « camarades de classe ». Elle avait déjà, comme deux de ses frères avant

189 Dans *Le Vif/L'Express* du 19 janvier 2015.

elle, migré du cours de religion juive vers la morale laïque par souci de discrétion, mais, finalement, la pression est devenue trop forte.

C'est donc une fois de plus l'élève juive qui quitte l'établissement. Et une fois encore, le harcèlement se poursuit après son départ. Et une fois encore, les réactions sont timides ou inexistantes. Tout au plus, l'établissement aurait apparemment tenté d'arranger la situation par une espèce de médiation. Les rencontres entre familles n'ont pas eu de succès et la pédagogie n'a pas pu prendre le relais d'un communautarisme qui rejette l'autre, le Juif en l'occurrence.

Pour couronner le tout, l'élève juive a été accusée par l'échevine de l'instruction publique de la Ville de Bruxelles, d'avoir « tenu des propos antipalestiniens inacceptables ». Marie-Cécile Royen explique dans l'article que lors d'une réunion qui a eu lieu le 8 décembre 2014 entre l'échevine, l'administration, le président de la LBCA et la famille de l'élève, Fouzia Hariche – l'échevine de l'instruction publique – s'excuse pour la phrase incriminant injustement Sarah. Elle attribue son erreur au fait qu'elle aurait pris pour argent comptant la version des harceleurs telle qu'elle lui a été rapportée. « J'ai été mal informée, se plaint-elle. Il ne peut pas y avoir la moindre banalisation de l'antisémitisme. » Mais depuis quand, dans une affaire de harcèlement, une figure censée représenter l'autorité se contente-t-elle de reprendre ainsi à son compte les propos des auteurs ?

Dernier exemple, cette histoire qui date d'octobre 2011 et qui illustre, dans un autre milieu, le même type de problème. Une jeune fille de 15 ans, victime d'antisémitisme, est retirée de l'École européenne[190] à Uccle à la suite d'insultes antisémites

190 *Le Vif/L'Express*, 2 décembre 2011.

et de harcèlements qui durent depuis 2009. Pendant deux ans, deux garçons de son âge l'appellent « la Juive », « sale Juive » et lui reprochent la politique d'Israël à l'égard des Palestiniens. Les humiliations sont proférées dans et en dehors de l'école et l'élève craint, par peur de représailles, d'aller expliquer ces faits à ses professeurs. Lorsque finalement elle s'en ouvre à sa mère et dénonce les faits, les deux jeunes reçoivent un « sévère rappel à l'ordre » et leurs parents sont convoqués. En attendant, c'est la victime qui doit, à nouveau, changer d'école.

Un schéma qui semble malheureusement caractériser un problème au sein de l'enseignement public et que l'on ne peut plus ignorer.

L'étude « Jong in Brussel »[191] coordonnée par le professeur Mark Elchardus (VUB) dans le but de livrer l'image la plus fidèle de la jeunesse flamande à Bruxelles est éclairante à ce sujet. Pour s'adresser directement aux jeunes Flamands, les auteurs décident de reprendre ceux inscrits dans l'enseignement néerlandophone (septembre 2010) et de passer par les écoles pour soumettre leur questionnaire. Quelque 2 800 élèves issus de 32 écoles secondaires sur les 42 recensées à Bruxelles participent ainsi à l'enquête.

Selon cette étude, la moitié des élèves musulmans dans l'enseignement néerlandophone à Bruxelles se déclareraient antisémites[192]. *Regards*, le journal du CCLJ[193], a demandé au pro-

191 Une étude subsidiée par le gouvernement flamand et menée pour le compte de la plate-forme Onderzoek Jeugd, à laquelle collaborent le département de criminologie de la Katholieke Universiteit Leuven, le département de pédagogie sociale de l'Université de Gand et le Centre de recherche en sociologie de la Vrije Universiteit Brussel.

192 Les écoles flamandes bruxelloises comptent 46,4 % d'élèves musulmans.

193 Géraldine Kamps, « Les jeunes à Bruxelles et l'antisémitisme », publié sur www.cclj.be le 7 juin 2011.

fesseur Elchardus d'analyser et d'expliquer, voire même de nuancer les résultats de cette étude. Il explique : « Le choix de l'antisémitisme comme indicateur permet de rendre compte du sentiment des allochtones envers les autochtones, ce qui n'avait encore jamais été étudié, beaucoup d'études portant uniquement sur le racisme des Belges. »

Reste à savoir comment interpréter les chiffres : 8 % des jeunes acceptent l'idée que les Juifs incitent à la guerre, 13 % qu'il faut se méfier des Juifs en affaires… « Quand on sait que 9 % des jeunes flamands se déclarent racistes, une moyenne de 10 % n'est pas un chiffre très alarmant », assure Mark Elchardus. Il ajoute cependant : « Si l'on tient compte en revanche de la religion des jeunes interrogés, on constate que 47 % des musulmans (croyants plus ou moins stricts) approuvent quand on leur dit que les Juifs pensent être meilleurs que les autres et 57 % pensent réellement qu'ils veulent tout dominer. C'est cette différence entre les non-musulmans et les musulmans qui est intéressante. Même si j'ai été très surpris personnellement, au vu de la sécularisation du catholicisme en Europe, de constater que chez les catholiques pratiquants, on obtient tout de même un chiffre de 38 %, qui ne peut être justifié par des facteurs sociaux. »

De façon générale, les études indiquent que les préjugés ethniques, dont l'antisémitisme, sont plus répandus chez les garçons et chez les jeunes qui se sentent menacés ou en insécurité. « Mais la différence entre musulmans et non-musulmans reste inexpliquée, analyse Mark Elchardus. Une partie pourrait être due à un antisémitisme théologique, puisque les chrétiens pratiquants sont aussi plus antisémites que les non-pratiquants. Le rôle du conflit israélo-palestinien n'est probablement pas non plus à négliger, et on voit que les écoles qui ont la plus forte concentration de musulmans ont aussi le taux d'antisémitisme le plus élevé… »

Il conclut l'interview de *Regards* en précisant : « Notre objectif n'est bien sûr pas de raviver les tensions, mais de rappeler que les écoles flamandes ont pour mission de combattre les préjugés et de stimuler la tolérance. Elles doivent pour y arriver tenir compte de la composition de leur population. On n'agit pas à Bruxelles comme on le ferait à Roulers. Une chose essentielle pour combattre l'antisémitisme serait de redéfinir le sionisme et de faire la distinction entre la position qu'on peut avoir par rapport à la politique d'un pays et celle qu'on peut avoir par rapport à un groupe ethnico-religieux. »

Lors d'un colloque organisé par l'Institut d'études du judaïsme (ULB) sur le thème « Les communautés juives et l'antisémitisme : une perspective européenne comparative », le 6 octobre 2013, le philosophe Édouard Delruelle[194] explique que, selon lui, « la difficulté, réelle, c'est que l'antisémitisme est ici le fait d'une population qui est elle-même victime de racisme et de discriminations. Pour autant, il s'agit d'un problème que nous devons avoir la lucidité et le courage de regarder en face. La lucidité et le courage, en l'occurrence, ici, vont dans un double sens : il ne faut pas faire de langue de bois, car cet antisémitisme existe, et il est inquiétant ; mais le courage, c'est aussi, au sein de la communauté juive, d'éviter l'amalgame qui prétendrait que *tous* les jeunes issus de l'immigration sont antisémites, ou refuser d'analyser les *causes* de cet antisémitisme[195] ».

194 Édouard Delruelle a été codirecteur du Centre pour l'égalité des chances entre 2007 et juin 2013.

195 Édouard Delruelle, *L'antisémitisme chez les jeunes issus de l'immigration en Belgique*, lors du colloque intitulé « Les Communautés juives et l'antisémitisme : une perspective européenne comparative » qui a eu lieu le 6 octobre 2013 à Bruxelles.

Jusque-là, je suis d'accord. Je m'interroge déjà davantage sur la phrase suivante, qui dit : « On ne gagnera pas la lutte contre l'antisémitisme en inclinant vers le racisme anti-immigrés ou vers l'islamophobie. » Bien entendu. Mais pourquoi toujours vouloir noyer la question de l'antisémitisme en y mêlant des références à d'autres formes de racisme ? M. Delruelle disposerait-il de chiffres similaires à ceux de l'enquête du professeur Elchardus laissant penser que le « racisme anti-immigrés » ou l'« islamophobie » se retrouvent davantage chez les Juifs que chez les autres Belges ? Ces chiffres, je n'en dispose pas non plus, mais pour avoir l'habitude de tendre l'oreille autour de moi, j'aurais tendance à croire que s'ils existent, ils démontrent probablement l'inverse.

Pour Édouard Delruelle, l'étude de Mark Elchardus « montre une différence significative entre les réponses des jeunes en général (10 % approuvent ces propositions) et des jeunes musulmans (entre 47 % et 57 %). Mais plusieurs éléments l'amènent à nuancer : 1) le taux d'antisémitisme des jeunes catholiques s'élève à 38 %, ce qui n'est pas significativement moins que les musulmans ; 2) il faut aussi observer la nature des questions : elles portent sur des stéréotypes antisémites, mais qui ne relèvent pas de l'incitation à la haine au sens légal du terme. Ces stéréotypes entrent dans la catégorie des "propos qui blessent, qui choquent et qui inquiètent", selon la formule de la Cour européenne des droits de l'homme, mais qui ne sont pas interdits par la loi [...] ; 3) en bonne logique, il aurait aussi fallu interroger les jeunes des différentes communautés sur des stéréotypes concernant les musulmans ou les Arabes. Je crains hélas que l'on observerait chez les jeunes Belges un racisme anti-musulmans et anti-immigrés tout aussi inquiétant que celui dont nous traitons aujourd'hui. »

Nous y revoilà donc. C'est vrai, tous les racismes sont condamnables, toutes les violences comme toutes les insultes et tous les actes terroristes. Mais doit-on toujours tout juxtaposer ? Le fait-il quand il parle de racisme antimusulman ? Je n'en ai en tout cas pas trouvé de trace dans ses discours.

Concernant l'étude, l'ancien directeur du Centre pour l'égalité des chances et la Lutte contre le Racisme (CECLR)[196] dit encore : « La principale conclusion du professeur Elchardus est de remettre en question l'idéologie romantique de la diversité comme évidence et comme mouvement inéluctable de l'histoire, porté par les jeunes. C'est faux : la diversité est rien moins qu'une évidence. »

Il conteste également deux autres idées :
« 1) L'importance de l'école sur les convictions des élèves (en fait, ceux-ci reproduisent très massivement les opinions de leurs parents) ; 2) l'influence du milieu socio-économique, puisque la corrélation la plus forte est celle de l'appartenance religieuse. Mais ici, l'enquête ne convainc pas, car dans le même temps, elle montre que les jeunes issus de milieux aisés sont plus tolérants que ceux qui sont issus de milieux populaires. Or il s'agit ici d'un nœud, tant sur le plan conceptuel qu'empirique. »

Et de rajouter : « De l'enquête d'Elchardus, on pourrait conclure que le problème fondamental de la montée de l'antisémitisme chez les jeunes est la montée de l'islamisme, voire de l'islam tout court dans le monde. C'est la logique du "choc des civilisations". Je ne dis pas que telle est la conclusion d'Elchardus lui-même, mais c'est la lecture la plus fréquente, si l'on en juge par la tonalité des articles de presse consacrés à ses travaux – lecture confortée par son diagnostic pessimiste (certains diront simplement lucide) sur l'échec de la diversité et celle de l'école. »

196 Devenu le Centre interfédéral pour l'égalité des chances, dont Patrick Charlier est l'actuel directeur.

Voilà donc le public de l'Institut d'études du judaïsme averti : il vaudrait mieux qu'il oublie avoir lu un jour qu'une étude menée par trois des plus grandes universités flamandes a montré que l'antisémitisme infectait les esprits de 50 % des jeunes de religion musulmane fréquentant l'enseignement néerlandophone à Bruxelles. À défaut, il se ferait complice des thèses néoconservatrices de Samuel Huntington. Pour reprendre les mêmes mots que M. Delruelle, « je ne dis pas que telle est sa conclusion », mais si ce n'est pas le message qu'il souhaite faire passer, je ne comprends pas le but de son propos.

Rien de tel, pour ne pas se laisser piéger par ce genre de propos lénifiants, qu'une plongée dans la réalité des milieux scolaires bruxellois. Dans nos écoles, les incidents antisémites sont en hausse depuis des années. Et le problème se pose tant du côté néerlandophone que francophone. Il existe aussi bien en Wallonie qu'en Flandre. Même si, bien entendu, cela s'exprime différemment.

En 2013, les foyers les plus touchés par l'antisémitisme (on se limite ici aux situations qui ont donné lieu à une plainte dûment enregistrée) en Belgique se situent au niveau des villes : Anvers avec 22 actes recensés (contre 10 en 2012 et 14 en 2011), puis Bruxelles, avec 10 actes recensés (contre 30 en 2012 et 19 en 2011). Liège termine ce classement avec 3 incidents signalés en 2013, nombre équivalent à celui de 2012.

Au niveau des régions, c'est la Flandre qui concentre la majorité des signalements en 2013 (62 %) avec Anvers qui concentre à elle seule 46 % des actes. Vient ensuite la Région bruxelloise, avec 22 % des actes, et la Région wallonne, avec 16 % des incidents.

Certains signalements de nature antisémite ou négationniste sont véhiculés par certains médias (presse écrite, télévision, Internet...) et touchent plus largement tout le territoire belge (et au-delà). Ceux-ci sont au nombre de 19 (contre 26 en 2012 et 30 en 2011).

En 2014, cela évolue un peu et au niveau des régions, c'est Bruxelles qui concentre la majorité des signalements en 2014, soit 37 % des incidents. Vient ensuite la Flandre avec 23 %, principalement concentrés sur Anvers (en moyenne 6 actes sur 10) et le Limbourg (2 signalements). La Wallonie regroupe 10 % des actes antisémites, principalement concentrés sur Liège (en moyenne 1 acte sur 2)[197].

Au niveau des anecdotes en milieu scolaire, elles sont de nature différente, toutefois, elles existent dans les trois régions, même si la fréquence et l'intensité sont plus importantes à Bruxelles et s'étalent dans la durée et dans tous les milieux. Pourtant, tout le monde semble d'accord. On ne peut laisser faire. Il faut enseigner l'histoire.

« Les amères leçons du passé doivent être réapprises sans cesse[198] »

Alors, où sont les enseignants, les professeurs, ceux et celles dont la responsabilité est précisément celle-là ? J'en connais. Ils et elles bravent le système et s'acharnent à vouloir transmettre ces valeurs et à relire ces pages d'histoire si difficiles à enseigner dans certaines écoles.

197 *Rapport sur l'antisémitisme en Belgique pour l'année 2013* et *Rapport sur l'antisémitisme en Belgique pour l'année 2014*, disponibles sur le site www.antisémitisme.be.

198 Albert Einstein.

De la persévérance, ils en ont. Comme Céline (nom d'emprunt), qui a travaillé comme bénévole dans une école des devoirs de Neder-Over-Hembeek à Bruxelles, où, dans le cadre d'un débat et répondant à une question des élèves, elle a mentionné son origine juive. En sortant, ses quatre pneus étaient crevés. Elle est retournée en classe et a entamé un travail avec les élèves. Beaucoup l'ont suivie dans cette démarche, d'autres pas. À Saint-Gilles, Céline a également travaillé dans une école à discrimination positive avec des élèves du CEB. Elle s'est vite rendu compte qu'ils n'ont aucune notion d'histoire de la Shoah ou de géographie. Ils ne savent pas où est Israël, mais la Belgique non plus ! Ce qui n'empêche pas les discours radicaux.

Anne Salien, enseignante au lycée Saint-Jacques à Liège, travaille sur les questions de l'antisémitisme, sans relâche, et sur la transmission de l'histoire de la Shoah. Elle organise des rencontres avec des survivants, noue des partenariats avec la Fondation Auschwitz à Bruxelles et les Territoires de la Mémoire à Liège. Sans soutien particulier et sans jamais lâcher prise afin de faire de ses élèves des citoyens responsables et vigilants, passeurs de mémoire. Elle s'est engagée cette année dans un projet ambitieux avec ses 90 élèves : retracer le parcours de 28 témoins résistants et/ou juifs et leur rendre hommage dans une exposition de « valises miroirs » aux Territoires de la Mémoire à Liège[199].

Anne Salien, Sonia Bonkowski[200] et Renée Plaisant[201] – entre autres – ont participé à un séminaire à Yad Vashem[202] à l'orga-

199 Ce qui lui a permis d'être sélectionnée avec ses élèves pour participer au « Train des 1 000 » en 2015.

200 Enseignante et directrice d'école, elle s'oriente désormais vers la consultance, le coaching et la formation où elle travaille ces questions dans d'autres milieux (IBCE – Institut belge du changement par émergence).

201 Conseillère pédagogique en histoire aujourd'hui à la retraite.

202 L'Institut commémoratif des martyrs et des héros de la Shoah en Israël.

nisation duquel j'ai contribué, dans le cadre d'un projet bilatéral pour enseignants partenaires du programme[203], "A classroom of difference", développé dans les écoles en Communauté française par l'IRFAM[204] et en Communauté flamande par AGORA VZW Zolder, réalisé avec le soutien des Amis belges de Yad Vashem. Un projet de formation sur l'antisémitisme et la Shoah auquel participaient une trentaine d'enseignants en tout. Ces femmes ont continué à former et à se former, à s'engager et à enseigner, à communiquer, à diffuser, à écrire.

Ainsi, dans un article, Sonia Bonkowski et Renée Plaisant questionnent la formation des enseignants et s'interrogent sur les outils pédagogiques[205] :

« Comment donner aux jeunes des outils de pensée, entendue comme réflexion, leur permettant d'aborder le réel dans sa complexité ? Comment faire que le savoir apporté par l'école s'incarne dans des choix éthiques qui les construisent en tant qu'individus et en même temps développe en eux une capacité à penser sur le registre universel ? L'enseignant dont les élèves sont aveuglés par une rhétorique simpliste promue par certains leaders d'opinion, religieux ou politiques, se décourage face à la gestion de propos antisémites. Il peut être tenté, par exemple, d'aborder la Shoah comme un événement violent à traiter sur un mode moralisateur. Il ne peut alors aborder ce sujet comme objet d'apprentissage éclairant la société actuelle [...]. La résurgence de l'antisémitisme est un phénomène de société qui interpelle et pénètre l'École, c'est pourquoi nous pensons qu'un sujet tel que l'extermination des Juifs d'Europe

203 Organisé grâce à un budget octroyé par le ministère des Affaires étrangères.

204 Institut de recherche, formation et action sur les migrations.

205 Sonia Bonkowski et Renée Plaisant, « Donner du sens aux apprentissages scolaires par le biais de l'interrogation citoyenne », *in Les Cahiers du libre examen*, n° 43, mars 2006, p. 67.

durant la Seconde Guerre mondiale doit interroger toutes les disciplines. En effet, cette question n'appartient pas uniquement aux professeurs d'histoire. Bon nombre de savoirs construits à l'école peuvent être traités à la lumière de la Shoah dans la mesure où ils sont plus que jamais liés à des choix de société. »

Ces femmes sont pour moi un exemple à suivre sans aucun doute et une source d'inspiration permanente.

Des professeurs jouent aussi un rôle dans l'exportation et la polarisation du conflit

S'il y a quelqu'un qui connaît bien la question de l'antisémitisme en milieu scolaire, c'est sans doute Marie-Cécile Royen, journaliste au *Vif/L'Express*, qui lui a consacré de nombreux articles. Une femme résolue, qui couvre des sujets difficiles, une journaliste d'investigation qui s'interroge en permanence sur les débats de société en les mettant en perspective, avec rigueur et générosité. Notre entretien démontre bien cette énergie couplée à une force et une remise en question permanente.

Marie-Cécile Royen suit les dossiers sur l'antisémitisme depuis les années 2005-2006 et ses premiers articles rendaient compte déjà d'une manifestation inquiétante du problème. Progressivement, cela s'amplifie.

> « Il y a eu une grande période pendant laquelle l'attitude du Centre pour l'égalité des chances m'a interpellée quant à la manière de traiter les choses. Par exemple, lors d'une attaque de jeunes Juifs orthodoxes par d'autres jeunes d'origine turque, dans le Limbourg, le

Centre a proposé une médiation et de faire de la pédagogie, alors qu'il s'agissait de faits graves. J'ai trouvé cela pour le moins curieux.

2009 m'a également marquée. En janvier, j'ai participé à un voyage organisé pour des députés à Sdérot[206], mais j'ai aussi été à Ramallah, pendant l'opération “Plomb durci”. Nous avons reçu des briefings sur la sécurité et les rencontres de part et d'autre étaient de très haut niveau.

Quand nous sommes rentrés, nous avons eu des échos et des témoignages de violence verbale lors de la manifestation pro-palestinienne du 11 janvier 2009 à Bruxelles. Des personnes ont ressenti physiquement l'expression de cette haine et de l'agressivité qui y était exposée. »

Jusque-là, la journaliste couvrait essentiellement les dossiers liés à la radicalisation et au terrorisme, mais depuis lors, elle s'est également intéressée aux problèmes vécus par la communauté juive.

« Pour moi, cela fait partie d'un laisser-aller de la part de la gauche, pas uniquement des socialistes. Cette focalisation morbide sur le conflit israélo-palestinien, plus la montée du radicalisme additionnée à l'évolution politique et à la montée de l'antisémitisme relèvent globalement du même focus. Je ne suis pas une spécialiste du Moyen-Orient, je ne fais pas partie d'un “camp” ou l'autre, mais je considère que des passions malsaines sont à l'œuvre et que c'est interpellant.

206 La ville de Sdérot a été la cible du Hamas, qui a tiré près de 20 000 roquettes Kassam et missiles Grad à partir de la Bande de Gaza.

> Ce conflit n'est pas abordé comme les autres guerres dans le monde.
>
> Pour moi, le va-et-vient, l'enchevêtrement entre le destin privé et les problèmes de société sont importants. Je m'attache à quelqu'un, à un parcours scolaire, au harcèlement, comme dans l'affaire de la dernière élève juive de l'athénée Émile Bockstael, à Laeken, et j'essaie par ce biais de rendre compte de la difficulté de faire partie d'une minorité. Surtout lorsque l'opinion publique ne permet pas de renverser la vapeur. La confusion entre Juifs et Israéliens est trop souvent entretenue dans et par le climat anti-israélien primaire. »

Selon la journaliste, il est urgent de rééquilibrer le traitement de l'information internationale, car elle influence les esprits plus faibles :

> « Cela se passe dans beaucoup de milieux et pas seulement à Bruxelles. C'est également rendu possible par les actions parfois désastreuses des différents gouvernements israéliens. Mais le ressentiment est très profond dans l'opinion publique, de manière disproportionnée. Surtout qu'il s'agit souvent de personnes qui ne connaissent pas ou ne sont jamais en contact avec des Juifs ou des musulmans. Or, ce ressenti rejaillit sur les Juifs belges, car *in fine* c'est comme si on leur reprochait toujours quelque chose. Les événements antisémites augmentent selon l'actualité au Moyen-Orient, mais aussi après les meurtres à Toulouse, Bruxelles ou Paris. Comme si le passage à l'acte était salué. »

Et de pointer le degré de complotisme très élevé au sein de la communauté musulmane.

> « J'entends souvent dire que "les Juifs dirigent le monde, manipulent les médias, créent les guerres"… C'est très répandu, en rue, dans des commerces… Pourtant, lors des 40 ans de l'immigration marocaine chez nous, une exposition sur l'héritage juif du Maroc a été organisée, présentant des éléments d'une cohabitation, pas toujours, mais souvent paisible. Certaines personnes d'origine marocaine ayant vécu cette période étaient nostalgiques et positives. Par contre, chez les plus jeunes, peu éduqués, les préjugés sur "les Juifs qui gouvernent le monde" prévalaient. Lorsque je me suis rendue à la Grande Mosquée après les attentats du 11 septembre 2001, mon interlocuteur a évoqué la piste de Juifs ayant commis les faits. Le wahhabisme importe chez nous un enseignement dans lequel les Juifs sont représentés comme des singes et les chrétiens comme des cochons. Cela fait partie de la radicalisation et des problèmes liés au terrorisme. Cela participe de la détérioration des relations entre communautés. »

Sur le rôle des journalistes dans cette augmentation de l'antisémitisme et du malaise dans la communauté juive, Marie-Cécile Royen explique qu'il s'agit d'un métier en crise, où l'on est de moins en moins spécialisé, souvent mis sous pression.

> « Mais il reste des rédactions et des journalistes qui cultivent le doute méthodologique. Par contre, c'est vrai que le "politiquement correct" n'est pas une fiction. Il guette tout le milieu. Or, il faut être vigilant, surtout quand le sujet est polémique, qu'il y a des manipulations de part et d'autre, il faut vérifier ses sources. Et quand on voit des signatures de nombreux

académiques sous le texte de Lieven De Cauter[207], par exemple, je suis très étonnée, interpellée. Pas mal de professeurs d'université, d'académiques ont joué un rôle dans l'exportation et la polarisation de ce conflit qui passionne désormais de manière démesurée. »

Oser refuser la diabolisation d'Israël

Où en est-on aujourd'hui ?

« Maurice Sosnowski a fait une présidence du CCOJB remarquable. Il s'est rapproché des politiques tout en osant dire deux choses essentielles, selon moi, de manière forte et non polémique : d'abord que les Juifs belges doivent être fiers de leur identité et que la Belgique leur est redevable pour leurs contributions au développement du pays au cours des siècles. La deuxième chose était de prendre la défense de l'État d'Israël en énonçant clairement qu'il ne s'agit pas d'un État voyou, qu'il faut arrêter de le diaboliser si on veut enrayer le développement de l'antisémitisme. Après cela, on ne pouvait plus se permettre de ne pas faire le lien entre Israël, le traitement du conflit et la montée de l'antisémitisme. Mais il avait une manière bien à lui de le dire et le message est bien passé. Cela lui a d'ailleurs valu un soutien spontané dans divers milieux non juifs qui ne supportent plus que des concitoyens doivent raser les murs.

207 Professeur de philosophie et militant d'extrême gauche de la KU, Lieven De Cauter a publié une tribune dans *Le Soir*, intitulée « Modifiez votre vision du monde, Monsieur Francken ! », et désignant au secrétaire d'État N-VA en charge des réfugiés les Juifs comme les véritables responsables du chaos mondial.

Ce que j'aime beaucoup aussi, c'est cette génération de jeunes qui veulent faire des choses pour pouvoir rester en Belgique, par fidélité aux valeurs de notre pays, aux valeurs de leurs parents. Qui tendent la main, jettent des ponts, comme les membres de l'UEJB lorsqu'ils sont allés à Liège à la rencontre d'étudiants qui avaient dérapé sur une activité. Sur place, ils ont dialogué et aujourd'hui, des liens sont tissés. D'ailleurs, l'idée de l'UEJB de s'ouvrir aux membres non Juifs est aussi une manière de lutter contre le repli sur soi et de créer des alliances. Il faut que ces jeunes aillent vers les musulmans et les Wallons qui sont devenus très anti-Israéliens, alors que dans certaines régions, il n'y a même plus de Juifs du tout, comme à Verviers. Il est important que ces jeunes regagnent le cœur des Wallons. »

Optimiste ? Peut-être, mais Marie-Cécile Royen est aussi lucide, estimant qu'il faut que les gens se battent :

« Si je peux comprendre que des Juifs s'en aillent, quittent la Belgique, je pense aussi que ce serait une honte qu'ils partent à cause de ce malaise, de cette atmosphère irrespirable, à laquelle s'ajoutent des passages à l'acte. Je serais aussi révoltée si les musulmans étaient victimes de cette manière, au jour le jour. Bien entendu, ils sont également victimes de discriminations et de réactions négatives suite aux événements internationaux. Toutefois on ne peut pas comparer les deux situations actuellement. C'est vrai qu'avant de réagir contre cet antisémitisme, beaucoup de gens se posent la question : les musulmans ne sont-ils pas les Juifs d'avant-guerre ? Ce qui entraîne une crainte de les stigmatiser. D'autant que le CEGES[208] pointe le fait que l'antisémitisme a commencé par le développement de préjugés, l'expression d'opinions dénigrantes, qui ont préparé le terrain et permis que le pire se passe. On s'interroge dès lors sur l'expression appropriée à adopter pour critiquer l'antisémitisme musulman. La différence réside aussi bien entendu dans le nombre. Les Juifs étaient une poignée et ne sont pas menaçants dans les conflits internationaux actuels. Mais on se pose cette question par crainte de devenir coupable d'autre chose… Il est temps d'ouvrir les yeux sur le monde. »

Les universités, l'antisémitisme et le boycott académique

Depuis 2009, le boycott académique d'Israël est présent dans cinq universités belges (ULB, VUB, UCL, UGent et KUL) qui, comme de nombreuses institutions culturelles et associations, répondent à l'appel de certains Palestiniens.

En 2002 déjà, des pseudo-« check-points israéliens » ont été installés à différents points d'accès de l'ULB. Cette même année, suite à une campagne d'affichage appelant au dialogue entre « pro-Israéliens » et « pro-Palestiniens » et visant à réhabiliter l'image d'Israël sur le campus, ses initiateurs ont reçu des menaces de mort : « On connaît ton frère, ta copine. On connaît ton adresse. Enlève les affiches immédiatement ou tout le monde est mort. Ton frère, ta copine, tout le monde est mort[209] ! »

208 Le Centre d'études et de documentation guerre et sociétés contemporaines (CEGESOMA), jusqu'en 1997 Centre de recherches et d'études historiques de la Seconde Guerre mondiale.

209 Joël Rubinfeld, 31 mars 2010.

Concrètement, ce boycott signifie un refus de collaborer avec les institutions officielles et les universités israéliennes et une opposition à tout subventionnement ou accords de collaboration dans le cadre de projets européens. En 2001, 327 professeurs, assistants et chercheurs universitaires belges appellent, dans les colonnes du *Soir*, à « la suspension de l'Accord d'association économique conclu entre la Communauté européenne et Israël ».

Le lundi 21 mai 2012, le conseil d'administration de l'Université libre de Bruxelles se prononce en faveur de la reconnaissance du cercle étudiant « Comité BDS-ULB ». Dans un communiqué de « Priorité étudiante » signé par la majorité des étudiants administrateurs qui se félicitent de ce vote, on peut lire : « Ce cercle a pour objet la sensibilisation et la mise en débat au sujet du conflit israélo-palestinien. » Rien n'est moins vrai quand on regarde les actions qui sont menées au nom de ce principe et de la liberté d'expression. Et lors du dérapage antisémite en avril, ils se justifient : « En assimilant la critique de la politique menée par le gouvernement israélien à de l'antisémitisme, l'UEJB veut empêcher toute critique politique des actions du gouvernement israélien, et, dans la droite lignée, décrédibiliser la campagne BDS lancée par les Palestiniens. » L'UEJB dénonce fermement le fait que BDS fait régner un climat de haine antisémite sur les campus universitaires sous couvert d'« antisionisme », car il ne s'agit pas d'une critique légitime d'un pays dans le cadre d'un débat ! Les seuls « débats » qui sont organisés ne portent jamais la contradiction et vont parfois jusqu'à inviter à la VUB (par vidéoconférence) des personnes comme Khalida Jarrar, représentante du Front populaire de libération de la Palestine (FPLP). BDS, qui traite de « terroristes et [de] fascistes » les étudiants juifs et leur association représentative démocratique, met donc à l'honneur une organisation considérée comme telle par l'Union européenne et les États-Unis, ce FPLP dont les commandos faisaient le tri entre les passagers juifs et non juifs dans les avions détournés, dont faisaient partie aussi les deux assassins de la famille israélienne Fogiel massacrée pendant son sommeil, y compris des enfants de 11 et 4 ans et un bébé de 4 mois égorgé dans son berceau. Suite aux pressions de la Ligue belge contre l'antisémitisme, l'intervention par Skype a été refusée et les organisateurs ont décidé d'annuler le tout.

L'UEJB réagit suite aux campagnes de désinformation à ce propos : « À l'heure où des expositions, des manifestations culturelles sont annulées en Belgique en raison de menaces terroristes, ceux qui comme BDS appellent à la haine, ceux qu'aucune menace djihadiste ne vise, osent se plaindre de "censure" avec des accents complotistes dès qu'une dénonciation de leurs agissements est faite. »

En réaction à ces événements, Christophe Goossens[210] écrit une carte blanche, « Peut-on être juif à l'ULB ? », publiée le 11 mars 2015 dans *Le Soir*, dans laquelle il pose la question suivante : « Pense-t-on sérieusement que l'ULB tolérerait un cercle dans lequel on encouragerait à boycotter les commerçants, entreprises, artistes, professeurs, étudiants et universités marocains et turcs sous prétexte d'opposition à la politique des gouvernements marocain et turc ? Un cercle qui hurlerait aux membres du Cercle des étudiants arabo-européens : "musulmans, fascistes, c'est vous les terroristes" ? Y aurait-il un seul intellectuel pour dire qu'il ne s'agit pas de racisme ? Trêve de faux-semblants : BDS incarne le naufrage de certains intellectuels d'extrême gauche, qui se vautrent dans l'antisémitisme, ce "socialisme des imbéciles". »

210 Avocat, ancien étudiant à l'ULB, président de la commission juridique de la Ligue belge contre l'antisémitisme.

Et le recteur Didier Viviers lui réplique : « Car, bien sûr, je reste opposé aux thèses de BDS sur le boycott académique de l'État d'Israël. Je me suis exprimé sur ce point depuis des mois et je n'ai pas varié de point de vue. Le boycott des individus me répugne. Les relations académiques sont bien souvent le seul espoir de renouer le dialogue, de soutenir la critique ou de reconstruire un monde acceptable. Prôner ce boycott m'apparaît contraire aux valeurs que soutient l'ULB et que je rappelais plus haut. Le peu de nuance dont font preuve les membres de ce cercle en associant, brutalement pour le moins, “sionisme”, “fascisme”, “terrorisme” ne m'incite guère à les considérer comme les défenseurs d'un libre examen qui se préoccupe du sens des mots, de leur réception et d'une tolérance qui ne peut se défaire de l'empathie, même si elle ne bride aucune conviction politique. Je m'étais opposé à la “reconnaissance” de BDS par le conseil d'administration de l'ULB. Ce n'est un secret pour personne.[211] » Mais pourtant, le libre examen est mis à mal et des étudiants se sentent trahis et abandonnés.

Une semaine plus tard, en Irlande, l'acteur, Rory Cowan est menacé de mort pour ses positions pro-israéliennes. Il est dans le point de mire de BDS, dénonce la chaîne de télévision israélienne i24 news.

Une éthique élastique

Aujourd'hui, le boycott académique belge prend forme. Non seulement des cercles BDS se font reconnaître, mais plus de 200 universitaires belges ont appelé à un boycott complet et permanent de toutes les institutions culturelles et académiques israéliennes

211 Didier Viviers, « La fin ne justifie pas les moyens », publié sur http://blog-recteur.ulb.ac.be le 12 mars 2015.

(le Belgian Academic and Cultural Boycott of Israel – BACBI). Les signataires de cet appel – un collectif d'universitaires belges, majoritairement flamands – demandent que cessent les violations continues des droits humains des Palestiniens. « Nous déclarons notre volonté de boycotter les institutions universitaires israéliennes, de nous abstenir de participer à toute forme de coopération institutionnelle, d'appeler à nous rejoindre nos collègues belges et leurs institutions à relever le défi. Les universités israéliennes sont complices dans les politiques d'occupation et d'apartheid, soit par leur silence soit par leur coopération active avec l'industrie de l'armement et l'armée. »

Cette campagne traduit une radicalisation du mouvement de boycott des universités israéliennes car désormais, ce sont toutes les institutions académiques et culturelles israéliennes qui sont visées, sans la moindre distinction.

Nicolas Zomerstajn, rédacteur en chef de *Regards*, explique dans un article[212] : « Conscients des critiques éventuelles qu'on peut émettre à leur encontre, les signataires belges de cet appel prennent la précaution de rappeler que seules les institutions sont visées. Les universitaires israéliens y échappent à titre individuel. Fort bien, mais ils n'ignorent pas qu'à travers le monde, les professeurs et les chercheurs n'ont de légitimité scientifique qu'en raison de leur appartenance à une université ou une institution académique. Cette distinction censée donner des gages de sérieux et de modération n'est qu'un écran de fumée destiné à impressionner les plus naïfs ou ceux qui ne connaissent rien au monde académique. »

Cette initiative de boycott, comme BDS d'ailleurs, passe à côté de l'essentiel de ce qu'ils disent dénoncer : l'occupation et la

212 Nicolas Zomersztajn, « Une nouvelle campagne belge de boycott académique et culturel d'Israël », publié sur CCLJ.be le 19 mai 2015.

colonisation de la Cisjordanie. Elias Sanbar, poète, essayiste et ambassadeur de la Palestine à l'UNESCO, a déjà mis en exergue toute l'absurdité de ce type de campagne sur les ondes de La Première lors de l'émission « Face à l'info » le 3 mars 2015 : « Si ces groupes avaient lancé une campagne de boycott de la colonisation, ils auraient eu un appui planétaire. Le problème, c'est qu'ils ont mélangé les deux domaines et aujourd'hui, comment voulez-vous que je boycotte, alors que par ailleurs, en même temps, je suis en train de dire que je veux installer un bon voisinage avec ce pays voisin, ce peuple voisin. » Et Nicolas Zomerstajn de s'interroger : « Pétris de certitudes, ces universitaires belges auront-ils l'outrecuidance d'affirmer qu'Elias Sanbar se trompe ? Il se peut que l'orgueil et l'obstination idéologique les poussent à considérer Sanbar comme un poète égaré et soumis à une Autorité palestinienne décrédibilisée. »

Mais toutes les universités ne réagissent pas de la même manière. Voici la position de l'ULg au sujet de cette affaire : « L'appel BACBI et le soutien accordé par des membres de l'ULg n'étaient pas connus de ses Autorités. Toutes les tentatives d'accès aux Facebooks de l'ULg ont été bloquées dès la communication de cette information. Les Autorités universitaires réaffirment la position de l'Université de Liège qui consiste à s'opposer à tout ostracisme arbitraire et de principe en matière d'enseignement et de recherche : toute autre attitude de la part d'un membre de l'Institution est à considérer comme une position personnelle et privée n'engageant en aucune façon cette dernière. »

Enfin, un autre article[213] sur le site du CCLJ, signé Willy Wolsztajn, militant actif pour la paix, répond également

213 Willy Wolsztajn, « Boycott académique BACBI : une campagne indigne, absurde et hypocrite », publié sur http://frblogs.timesofisrael.com le 27 mai 2015.

à ce boycott : « Les signataires de BACBI semblent ignorer que les milieux universitaires et culturels israéliens comptent parmi les plus lucides et les plus attachés à la quête d'une solution négociée au conflit israélo-palestinien. Quant au bilan des dernières élections, il leur aura échappé que la nouvelle Knesset, avec les partis sionistes favorables aux négociations et la coalition des partis arabes, totalise près d'une moitié de membres susceptibles de soutenir une relance du processus de paix. Et que la majorité actuelle ne tient qu'à un fil. Mais la haine d'Israël les aveugle. Du reste, ils montrent le bout de l'oreille quand ils fustigent la "politique israélienne qui s'est développée impunément aux dépens des Palestiniens depuis déjà 67 ans". 67 ans et non 1 967 ! Ce qu'ils contestent, ce n'est pas la politique d'Israël en Cisjordanie/Judée-Samarie et à Gaza consécutive à la guerre des Six Jours. C'est, de manière sournoise, la légitimité de l'État juif fondé en 1948. »

Le comité de BACBI initié à l'Université de Gand est composé des professeurs suivants : Marie-Christine Closon (UCL), Patrick Deboosere (VUB), Lieven De Cauter (KUL), Herman De Ley (UGent), Lieve Franssen (Brussels Brecht-Eislerkoor), Perrine Humblet (ULB), Marc Jacquemain (ULg).

Parmi eux, Herman De Ley de l'UGent a, à plusieurs reprises, été contraint d'enlever des liens vers des sites antisémites et négationnistes sur le sien après que le CECLR soit intervenu[214].

214 « Liens vers des sites antisémites et négationnistes sur le site de l'Université de Gand », publié sur www.antisemitisme.be le 8 juillet 2007 et « Liens négationnistes sur les sites de l'Université de Gand et de l'association des étudiants musulmans de l'Université de Leuven », publié sur www.antisemitisme.be le 14 mars 2010.

Un lien de plus, donc, entre les tenants du boycott et la grande famille des négationnistes. Pourquoi n'en suis-je même pas surprise ?

Ignorance, violence et négationnisme à l'ULB

Malheureusement, divers incidents antisémites, répondant aux clichés et caricatures des Juifs, ont également et à plusieurs reprises entaché des activités sur le campus de l'ULB. Jonathan De Lathouwer témoigne de ce climat difficile, parfois oppressant.

Pendant ses études à l'École polytechnique de l'ULB, il s'investit comme militant et devient d'abord administrateur du Cercle du libre examen. Il rejoint ensuite l'Union des étudiants juifs de Belgique (UEJB) de laquelle il sera successivement vice-président et président.

Actuellement, il est le vice-président du Comité de coordination des organisations juives de Belgique. Quand on lui parle de BDS, il démonte leur rhétorique, explique, argumente, sourit très sérieusement et répond en parlant à la vitesse de l'éclair. Jeune, déterminé et créatif. Son premier contact avec le mouvement de boycott ?

> « Une trentaine de jeunes[215] ont barré l'entrée du campus avec un simulacre de "check-point", le 29 mars 2010. Ils criaient, effrayaient les passants en hurlant leurs slogans et créaient un climat de rejet vis-à-vis d'Israël et des étudiants juifs qu'ils assimilaient à cet État. »

215 Issus des JAC, d'Amnesty-ULB, d'Attac-ULB et du Brussels Palestine Collective.

D'emblée, le jeune étudiant est étonné. D'abord que des étudiants puissent bloquer ainsi l'entrée du campus, mais surtout que les autorités de l'ULB tolèrent ce genre de discours haineux, très éloigné d'un débat, d'un dialogue et du libre examen.

En guise de réponse, les étudiants juifs commencent à leur parler, à poser des questions, à monopoliser un peu l'attention de ces agitateurs. Ce qui les interpelle, c'est le manque de réponses, de connaissance du conflit, de l'histoire du Moyen-Orient. Seule transpire la haine d'Israël et de ce qu'ils appellent « sioniste ». Jonathan veut réagir, lutter contre cette vague idéologique agressive et unilatérale.

> « Ils ne militent pas pour la paix, ils agissent de manière virulente contre le "sionisme" et l'État d'Israël. Le but de BDS n'est pas une solution de deux États vivant côte à côte, mais la destruction d'Israël. BDS-ULB est tout à fait dans ce schéma, tant par les discours qu'ils tiennent que par l'information distribuée sur le campus. »

À cette période, ils ne sont pas encore un cercle étudiant reconnu et les représentants de BDS qu'il a face à lui sont ceux qu'il sait appartenant aux milieux d'extrême gauche, COMAC[216] en tête. En vrai libre-exaministe, l'étudiant va commencer par se renseigner, écouter, aller aux conférences organisées par BDS. Surpris d'ailleurs d'entendre lors de l'une d'elles, outre l'expression de haine partagée dans l'auditoire, à la question suivante d'un étudiant : « Y a-t-il vraiment eu 6 millions de morts pendant la Shoah ? », le physicien Jean Bricmont[217] de répliquer : « Je ne sais pas répondre à cette question… »

216 Le mouvement de jeunesse du PTB.

217 Physicien, professeur à l'Université catholique de Louvain.

De Lathouwer dénonce clairement le négationnisme qui sous-tend le discours de boycott académique dans son université.

> « Transposant les images de la Seconde Guerre mondiale et du génocide des Juifs dans le conflit israélo-palestinien, ils font tenir aux Juifs israéliens le rôle des bourreaux nazis et aux Juifs dans le monde celui des collabos, les Palestiniens devenant les victimes finales, seules dignes de compassion.
>
> Je relève dans le fascicule idéologique qu'ils distribuent sur nos campus universitaires "Le boycott d'Israël : Pourquoi, comment ?", les termes "massacre organisé et prémédité", "camp de concentration", "exterminer", "ghettoïser", "anéantir". Il y a aussi l'utilisation répétée par les militants BDS du terme cher à Dieudonné : "Isra-Heil". Ils vont même jusqu'à détourner l'image d'Anne Frank en l'affublant d'un keffieh. »

Pour appeler l'imaginaire lié à la Shoah et ainsi diaboliser les Juifs ? Certainement. Car non contents de promouvoir le boycott d'Israël, de ses institutions, de ses citoyens, les adeptes de BDS s'attaquent aussi à ceux qu'ils qualifient de « sionistes », c'est-à-dire une grande majorité de Juifs dans le monde, soit tous ceux qui ne partagent pas leur cause, rendant dès lors tout dialogue impossible.

« Sionistes, fascistes, c'est vous les terroristes ! »

En 2012, le cercle BDS-ULB est reconnu officiellement par les instances de l'ULB lors d'une réunion en plein mois de juin, en l'absence de certains membres pour cause d'examens.

> « La sur-représentation de l'extrême gauche dans ces instances garantissait dès lors un vote positif, puisque ce sont les mêmes qui se retrouvent dans BDS et ils ne s'en cachent pas. Certains parmi eux, après des actions, enlèvent leur t-shirt BDS et remettent celui du COMAC ou d'Amnesty ! »

Ce qui est difficile à comprendre et à accepter pour d'aucuns, c'est que depuis ce jour-là, et comme leur littérature l'indique, la promotion de messages haineux est manifestement autorisée sur le campus de l'ULB. Ce qui est plus grave encore, c'est que des pressions sont exercées individuellement sur des étudiants juifs, des menaces aussi, comme pour certains artistes dans les campagnes BDS internationales. Le *modus operandi* est similaire et les lignes rouges sont franchies une à une.

Les étudiants de l'UEJB préparent des réponses, tentent de convaincre, dénoncent les éléments et argumentent point par point. Lors de chaque rentrée étudiante, le stand BDS est actif et accueille les nouveaux étudiants dans un climat peu serein.

Un autre événement que l'ancien président de l'UEJB pointe, est l'« Apartheid Week » en présence de personnalités comme Jean Bricmont ou Michel Collon. Début avril 2015, à l'heure de midi, un énorme mur[218] est érigé sur le campus, accompagné de messages agressifs et haineux, destinés aux étudiants qui passent par là. Lorsque des étudiants juifs sont identifiés, ils sont pointés du doigt, quand on entend le porte-voix scander : « Ce mur dit coucou à l'UEJB, ils sont là », désignés alors à l'opprobre des autres étudiants par les cris de « sionistes, fascistes, c'est vous les terroristes ! » Ce slogan choquant, Jonathan De Lathouwer ne peut l'accepter et se fâche :

218 En référence au mur qui sépare Israël des territoires palestiniens.

> « Des étudiants juifs sont insultés, calomniés, diabolisés, désignés à la vindicte publique pour leur seule présence, traités de "terroristes" dans un pays où ils sont les principales cibles du terrorisme. Alors qu'à plusieurs reprises, l'UEJB a dû suspendre ses activités et fermer son local suite aux menaces et au contexte des attentats terroristes. Alors que certains étudiants (ou leurs parents) ont exprimé plusieurs fois des sentiments de peur, ont démissionné suite aux pressions trop fortes, alors que nous avons dû sécuriser nos locaux, c'est nous qu'on accuse ! BDS – comme le COMAC-PTB – soutient le Hamas, et ensuite transforme les cibles en coupables et se joint aux organisations djihadistes pour désigner les mêmes cibles de leur haine : "les sionistes", soit tous les membres de la communauté juive, à l'exception de quelques "antisionistes juifs" qui leur servent systématiquement d'alibi. »

Certes, suite à ces faits, le recteur et le vice-recteur convoquent l'UEJB, BDS et comme corps « neutre », le… COMAC, qui a participé à l'action !

> « Quand on permet d'insulter et de diaboliser des Juifs, c'est-à-dire de les désigner comme l'ennemi, présumé coupable de "défendre un État criminel", de considérer l'UEJB comme une force politique "pro-israélienne", alors que nous n'avons jamais rien publié sur la question, peut-on réellement s'étonner d'une hausse de l'antisémitisme sur le campus ? Il faut mettre fin à cette situation maintenant. Sinon les étudiants seront dégoûtés. Après ces événements, plusieurs membres de l'UEJB écœurés envisagent de partir, de quitter la Belgique, où ils se sentent trahis, abandonnés. »

Si Jonathan, comme beaucoup d'étudiants, est inquiet pour l'avenir et dénonce le climat de suspicion permanent à l'égard des étudiants juifs, l'UEJB a repris un peu confiance en la possibilité de dialoguer suite à l'action de solidarité qu'elle a initiée à l'ULB avec les étudiants de Garissa après l'attentat terroriste sanglant au Kenya[219].

> « Le message universel de l'Union des étudiants juifs a été compris et repris. Nous avons pu rassembler entre 70 et 80 associations qui se sont jointes à nous pour cet événement organisé à notre initiative et qui a rassemblé énormément de monde, malgré la période des vacances. Peut-être un jour pourrons-nous aussi faire comprendre que "sioniste" n'est pas une insulte ? »

Une violence présente sur d'autres campus aussi

L'antisémitisme est en augmentation et se banalise sur les campus belges. À l'Université de Liège, par exemple, pour la rentrée académique 2014, en octobre, le comité de baptême de la faculté de philosophie et lettres a organisé une soirée ayant pour thème : « Le mardi, on rentre à Gaza en famille ! »

Voilà comment le thème de la soirée est expliqué : « M. s'en est allée torturer quelques Palestiniens et elle nous laisse le cœur brisé. Mais, comme L., on aime passer d'une cause à l'autre et s'y atteler avec acharnement, c'est pourquoi le CB Philo t'invite à sa nouvelle bleusaille : le mardi, on rentre à Gaza en famille ! Bleu, te voilà dans la peau d'un petit Palestinien. Le but de ta soirée étant d'éviter le grand méchant Juif et de retrouver tes pénates heureux et entier (si possible). »

219 L'attentat contre l'Université de Garissa au Kenya, perpétré le 2 avril 2015 par des islamistes du groupe Chabab, a fait 152 morts, dont 142 étudiants.

Le folklore estudiantin a pour tradition de dénoncer par la dérision et l'humour. Ici, nous sommes dans tout autre chose : une vision manichéenne et antisémite du conflit israélo-palestinien. C'est le « petit Palestinien » qui est confronté au « grand méchant Juif ». Les bleus sont appelés à s'identifier aux victimes des Juifs. Par contre, pour accéder à la soirée, ils sont invités à se déguiser soit en L. (militante PTB pro-palestinienne), soit en « Juif connu » pour « amadouer les gardes-frontières ». C'est à la fois un appel aux clichés caricaturaux visant les Juifs et à la stigmatisation des personnalités juives. Le recteur de l'ULg prend connaissance de cette invitation « avec consternation », prend immédiatement contact avec les organisateurs de la soirée et l'UEJB et en exige l'annulation. Le comité de baptême présente ses excuses.

Jonathan De Lathouwer conclut :

> « Là, par contre, dès notre demande, le recteur est intervenu et a réagi avec détermination. On a pu expliquer et dialoguer sereinement. Aujourd'hui, nous sommes en contact avec eux et c'est très constructif. Mais si de tels actes se produisent, c'est parce que le discours de BDS ne choque plus et débouche directement sur un antisémitisme véhiculant les clichés et stéréotypes les plus éculés. Il faut lutter contre cette banalisation et reconstruire un dialogue, le plus large possible, tant qu'il en est encore temps. »

9.
Une communauté plurielle qui s'interroge

Comment réagissent les Juifs en Belgique face à cette montée de l'antisémitisme et surtout à la violence et à la récurrence de son expression ? De manière différente selon que l'on est plutôt de « gauche » ou « droite », que l'on se considère comme « sioniste » ou pas, que l'on est religieux ou laïque, d'Anvers, de Bruxelles ou de Liège, en contact direct avec l'antisémitisme ou pas. Si, comme on a pu le voir, l'inquiétude se conjugue avec la consternation pour les uns, avec la lassitude et l'exaspération pour les autres, pour nombre de Juifs, le questionnement a par contre cédé la place à une inquiétude quotidienne.

Comment comprendre cet antisémitisme et que faire pour le contrer ? Les réponses individuelles sont aussi variées que les réponses associatives et institutionnelles. Telle personne crée un site, un blog, telle autre recense les contre-vérités de la presse, analyse les campagnes de boycott, telle autre encore crée une mailing-list pour attirer l'attention sur les dérives politiques et médiatiques ou tente de monter des programmes éducatifs pour enseignants ou élèves. Certains se défendent tout seuls et portent plainte, d'autres s'adressent à www.antisemitisme.be ou à un avocat, au Centre pour l'égalité des chances, au CCOJB ou à la LBCA.

Il y en a qui s'énervent, écrivent aux politiques, aux journaux. D'autres se résignent et tentent de minimiser. Mais tout le monde se pose des questions, s'interroge. Seul ou en groupe. Le Collectif Dialogue et Partage en a fait un clip, intitulé « Je suis juif/juive, je suis belge aussi, dois-je partir ? », qui a eu un important retentissement sur les réseaux sociaux et dans les médias. Mais la question que beaucoup se posent est de savoir pourquoi partir, où partir. Joël Rubinfeld crée la LBCA, Maurice Sosnowski dialogue avec les politiques et les médias pour le CCOJB et initie un accord de coopération entre l'hôpital Hadassah de Jérusalem et l'Institut Bordet – dans le domaine de la recherche sur le cancer – sous le patronage du ministre des Affaires étrangères, Didier Reynders. Joël Kotek analyse le traitement de la guerre à Gaza par plusieurs médias belges, Ouzia Chaït[220] met sur pied un programme éducatif pour le collectif Dialogue et Partage. Les écoles juives augmentent leurs places d'accueil, le CCLJ poursuit son programme « la haine, je dis non » et l'Union des étudiants juifs de Belgique se bat contre l'antisionisme virulent à l'ULB. Toutes et tous se sentent lâchés par cette « politique du moindre mal », qui abandonne les Juifs pour différentes raisons. Mais tous veulent combattre, répondre, expliquer et croire que le changement est encore possible.

Une minorité est en porte-à-faux par rapport à ces attitudes et expressions et une autre minorité – grandissante – décide

220 Ouzia Chaït est la cofondatrice de l'école Beth-Aviv en 1978 et a été sa directrice jusqu'en 1995. Le projet du Collectif Dialogue et Partage, dont l'élaboration s'est terminée en 2005, s'appelait initialement « Prévenir la peste émotionnelle. Nos histoires affectives des immigrations en Belgique ». Il a depuis été actualisé et renommé.

de partir : pour elle, ce combat n'a plus d'intérêt car il ne peut être gagné. Il est trop tard et les réponses politiques sont totalement insuffisantes. Une poignée se radicalise, que ce soit vis-à-vis de la politique ici ou de celle au Moyen-Orient, et défend la politique d'Israël sans nuances. D'autres n'osent plus afficher leur identité culturelle ou religieuse et certains banalisent et tentent de se persuader que tout va bien.

Une volonté de lutter sans relâche contre l'antisémitisme

Une autre réponse à ces débordements et dérapages est celle de Joël Rubinfeld, ancien président du CCOJB et actuel président de la Ligue belge contre l'antisémitisme, la LBCA. Fougueux et entreprenant, il ne lâche rien.

Après avoir été sensibilisé dans le cadre de ses différentes fonctions au problème de l'antisémitisme pendant une quinzaine d'années, Joël Rubinfeld veut devenir plus actif sur le sujet et fin 2013, il crée une association antiraciste avec Odile Margaux et Isaac Franco aux côtés du Centre pour l'égalité des chances et du MRAX, qui selon lui n'assument pas leur rôle dans ce combat.

> « La LBCA se singularise en portant toute son attention sur la résurgence de l'antisémitisme et en fait sa priorité absolue. Les choses ont basculé après la deuxième Intifada, les agressions ont pris de l'ampleur et les cibles ne sont plus uniquement juives. Il arrive de plus en souvent que des personnes présumées juives soient agressées verbalement ou physiquement, ou encore menacées. De plus, le manque de réaction des institutions vient du fait qu'une grande partie des actes hostiles sont perpétrés par de jeunes musul-

> mans constituant eux-mêmes une population victime de discriminations. Notre société n'est pas préparée à cela, ce qui occasionne un certain embarras. »

En quoi le fonctionnement et le rôle de la LBCA sont-ils différents ?

> « Notre combat se fait simultanément dans plusieurs sphères : politique, médiatique et judiciaire. Nous avons rassemblé des personnes avec des expertises diverses qui nous permettent d'agir dans tous les dossiers, sur tous les signalements que nous estimons crédibles, c'est-à-dire dont les faits sont avérés et qui relèvent de la loi de 1981 ou de 1995. »

Les exigences sont d'une part une tolérance zéro pour tout acte antisémite, d'autre part agir sur le volet sanction/répression afin de briser le sentiment d'impunité.

> « Nous agissons sur le plan judiciaire avec une équipe d'une quinzaine d'avocats chapeautés par Me Christophe Goossens, qui travaillent sur les différents dossiers. Mais la sanction peut également être politique et déboucher sur le renvoi d'un mandataire ou d'un fonctionnaire lorsque les faits sont avérés. Malheureusement, comme dans le cas des écoles de la Ville de Bruxelles, le politique peut ne pas mesurer l'ampleur du problème ou ne pas avoir la volonté de le traiter, alors que les directions d'écoles sont souvent en attente d'une solution politique, car leur marge de manœuvre est plus limitée. »

Plusieurs dossiers emblématiques ont abouti, comme l'interdiction du congrès de Laurent Louis, qui devait être le rassemblement de toutes les haines, avec pour dénominateur commun la haine du Juif. Le politique a été très sensibilisé[221], le congrès n'a pas eu lieu, et plainte a pu être déposée par la LBCA car le délit avait été commis préalablement, via l'affiche qui annonçait la vente de livres négationnistes et antisémites.

D'autres dossiers importants ont aussi mobilisé la LBCA, comme celui de l'invitation à Bruxelles du prédicateur Tareq Al-Suwaidan[222], qui a été interdit d'accès au territoire belge, ou encore celui de la maison nazie de Keerbergen[223]. Ces dossiers ne sont qu'une partie du travail de la LBCA :

> « Certaines semaines, nous sommes sollicités chaque jour. Parfois, nous devons expliquer que nous ne pouvons pas agir car il s'agit d'une critique du gouvernement israélien, qui même si elle est très acerbe, n'en reste pas moins autorisée. Le tout est de bien délimiter les lignes rouges. »

La LBCA a reçu un bon accueil médiatique et même si Joël Rubinfeld est conscient des limites de toute action, il pense que les combats doivent être menés et il continuera sans relâche :

> « Je me rends bien compte que ce combat a quelque chose de donquichottesque et qu'il est minuit moins cinq. Mais nous continuerons à exiger la tolérance zéro qui est le gage du respect de l'autre et nous demandons

221 Par différentes associations : CCOJB, CCLJ, LBCA.

222 Le prédicateur koweïtien Tareq Al-Suwaidan, présenté comme le leader koweïtien des Frères musulmans et tenant des propos antisémites virulents, avait été invité à prendre part à la Foire musulmane organisée du 7 au 10 novembre 2014.

223 Une maison située dans la commune de Keerbergen fait l'apologie du Troisième Reich, affichant des croix gammées et des symboles SS ou HH sur sa façade et dans sa propriété.

que la lutte contre l'antisémitisme devienne une cause nationale, car ce fléau constitue une menace pour l'ensemble de la société. Je pense intimement que de l'issue de ce combat dépendra l'avenir de la démocratie belge. Ces derniers temps, les gens n'ont plus peur, ils déversent leur haine ouvertement, sans crainte. La peur doit changer de camp. Et s'il faut pour cela passer par l'aphorisme de Mao : "En punir un pour en éduquer cent", qu'il en soit ainsi. Sinon, que voudra encore dire "vivre ensemble" ? Vivre avec l'antisémitisme ? Je ne pourrai jamais l'accepter. »

Des citoyens laissés à l'abandon

Quand il s'agit de réagir à l'antisémitisme, il n'y a pas de bonne ou de mauvaise façon. Ni de réponses ou de certitudes.

Ce qui est certain, c'est que le sentiment d'abandon, de solitude que ressentent nos concitoyens juifs déclenche des réactions diverses. Georges Bensoussan[224] fait ce constat alarmant :

« En mai 1990, après la profanation du cimetière juif de Carpentras, des centaines de milliers de Français étaient descendus dans la rue, y compris le président de la République. Une génération plus tard, pour Ilan Halimi en 2006, en mémoire aux victimes de Merah en 2012, de Nemmouche en 2014, il n'y avait plus personne, sauf des Juifs. »

Les attentats du 11 janvier à Paris déclenchent une prise de conscience : les Juifs ne sont plus seuls, mais à Bruxelles, la

224 Alexandre Devecchio, « Des territoires perdus de la République aux territoires perdus de la Nation (1/2) », entretien avec Georges Bensoussan, publié sur Lefigaro.fr – Figarovox le 14 août 2015.

manifestation de solidarité oblitère entièrement le caractère antisémite et tente de tout lisser comme s'il n'y avait ni Juifs, ni islamistes, ni antisémites, ni problèmes.

Reste alors le vivre ensemble. Le quoi ? À ces militants qui ont organisé ce cortège sans courage ni audace, il faut rappeler que l'antisémitisme a plusieurs visages, c'est de la même bête hideuse qu'il s'agit. Celle qui depuis des siècles ose prétendre, sans que les belles âmes prennent la peine de vraiment la démentir, que chaque Juif pris individuellement est peu ou prou responsable de la souffrance des innocents[225].

L'aveuglement est criminel, car le manque de réponses de la part des démocrates augmente la popularité des extrémistes. De tous bords. Et une fois encore, les Juifs joueront le rôle du canari dans la mine.

Pourtant, l'on peut aussi répondre au boycott en jetant des ponts. Maurice Sosnowski l'a rappelé lors de l'inauguration de la coopération entre l'Institut Bordet et l'hôpital Hadassah de Jérusalem : « La mise en commun de la recherche et de la science est la preuve que la stupidité de la haine ne contribue en rien à l'humanité, mais la coopération et la médecine peuvent sauver le monde. »

Les réactions des autorités sont toujours trop faibles

Maurice Sosnowski ne tombe pas pour autant dans l'angélisme. Lors de l'entretien qu'il m'a accordé, il insiste longuement sur les manquements de la lutte contre l'antisémitisme

225 Viviane Teitelbaum & Yves Caelen, « Antisémitisme : un aveuglement très malsain, une manipulation totalement abjecte », publié sur CCLJ.be le 7 janvier 2015.

dans notre pays. Médecin anesthésiste, chef de service à l'Institut Bordet, chargé de cours à l'ULB et militant engagé contre le racisme, l'antisémitisme et l'antisionisme, il privilégie le dialogue, l'éducation et la défense des valeurs démocratiques. Il devient président du CCOJB en 2010 et le restera durant cinq années. Il vit les années où l'antisémitisme augmente jusqu'à l'attentat de mai 2014. Retour sur une période difficile et enrichissante.

Quand on vient le chercher, Maurice Sosnowski accepte cette lourde responsabilité, car il a été très marqué par la manifestation de janvier 2009 et les cris de « mort aux Juifs » qui ont marqué une grande partie de la communauté. D'une part par la violence des propos antisémites, mais surtout parce qu'il n'y a pas eu de réaction politique, ni pour désavouer ceux et celles qui sont restés dans le cortège ni pour s'offusquer des slogans qui l'ont ponctué.

Très vite, il est confronté aux problèmes de l'Université libre de Bruxelles, son *alma mater*. Sa présidence démarre en quelque sorte avec l'affaire de Souhail Chichah, lors du débat en septembre 2010, alors qu'il fait partie du corps académique. En février 2012, ce dernier organise le boycott d'une conférence sur l'extrême droite[226], qui débouchera sur un désaveu et une sanction par la commission de discipline.

> « Finalement, il n'a pas été renvoyé pour son intolérance ou ses comportements en contradiction avec la liberté d'expression et les valeurs de l'ULB, mais pour des raisons scientifiques, déplore le président du CCOJB. J'ai été déçu, comme d'autres membres

226 « Burqa bla bla » lors du débat intitulé « L'extrême droite est-elle ou non devenue fréquentable ? », avec Caroline Fourest, Hervé Hasquin, Guy Haarscher.

> du corps enseignant qui tiennent aux valeurs du libre examen et qui l'ont exprimé avec moi auprès du recteur. Mais, comme le dit avec raison Salman Rushdie : les Juifs ne sont pas agressifs, n'attaquent pas les mosquées, ne crient pas des slogans haineux, on a ainsi tendance à ignorer leurs demandes même si elles sont justes. Donc, à l'ULB, c'est un petit pourcentage d'activistes qui, ciblant certains membres du conseil d'administration, imposent à l'université des comportements en contradiction avec leurs valeurs. Je pense bien entendu à la problématique du cercle BDS. Nous en sommes là. »

Cette déception se confirme à plusieurs reprises au cours de son mandat. Et Sosnowski précise :

> « J'ai également été déçu par le Centre pour l'égalité des chances. Car lorsqu'un acte antisémite est commis, sa seule préoccupation est de savoir si l'on peut porter plainte ou non. Or, si le centre possède cette légitimité, pour moi il a un devoir plus important : se prononcer au nom de l'éthique et de la morale et donc condamner publiquement des actes ou des propos dangereux mais non condamnables par la loi, très (trop ?) précise sur le sujet. Pour dire le droit, je n'ai pas besoin du Centre, je fais appel à un avocat, mais la dénonciation de ces actes devrait être de son ressort car il représente l'autorité morale en la matière. »

Une autre déception de l'ancien président concerne le procès des assassins du Dr Wybran[227], lui aussi ancien président du CCOJB et par ailleurs son beau-frère, tué à bout portant

227 Médecin réputé, chef du service immunologie de l'hôpital universitaire Érasme. Il dirigeait une cellule antisida.

le 3 octobre 1989, à Anderlecht, sur le parking de l'hôpital Érasme. Alerté par le conseil juridique du CCOJB et de la famille de Joseph Wybran, Me Michèle Hirsch, les réactions s'organisent. À l'initiative de Sylvie Lausberg[228], ils créent à plusieurs un site Internet et lancent une pétition pour tenter d'éviter le non-lieu dans cette affaire.

> « Dans le contexte actuel, il me semble que faire la lumière sur ce qui a été fait par le groupe Abou Nidal au Dr Wybran ne peut qu'être utile à la compréhension des affaires de terrorisme qui n'arrêtent pas de nous secouer aujourd'hui, avec Bruxelles comme centre d'achat d'armes. On est donc en droit de se poser des questions sur la procédure, sur les actions du Procureur fédéral : alors qu'il est chargé de la lutte contre le terrorisme, il fait appel de la décision du juge qui soutenait la proposition conjointe de la partie civile et de la défense, souhaitant le soutien de nos autorités afin que l'avocat du principal inculpé emprisonné au Maroc puisse s'entretenir avec son client ! De trop nombreux points d'interrogation persistent dans ce dossier… Je regrette à double titre que l'on ne soit pas allé au bout de l'enquête afin de faire parler la vérité. »

Après des années de lutte contre l'antisémitisme, l'antisionisme et en particulier le mouvement BDS à l'ULB, il y a l'attentat antisémite et terroriste au Musée juif de Belgique. Une onde de choc traverse le pays et la nécessité de réagir rapidement pour ne pas céder à la panique se fait sentir. Maurice Sosnowski a été très interpellé par l'effondrement de la communauté juive d'Argentine après les attentats de Buenos Aires[229], dont la communauté ne s'est jamais vraiment remise.

228 Historienne et psychanalyste.

229 Ces attentats ont tué 110 personnes, en 1992 et 1994. Ils ont été attribués au Hezbollah et à l'Iran.

Dès lors, dans le cadre de son réseau européen, on le conseille et en coordination avec le ministère de l'Intérieur, le CCOJB et le Consistoire mettent sur pied, bien avant l'attentat du Musée, un centre de crise intracommunautaire comprenant des équipes de médecins, de psychologues, d'avocats, avec un dispositif de communication. Comment a-t-on réagi au sein de la communauté suite à l'expression de cette violence aveugle ?

> « Nous avons activé la "cellule de crise" que j'avais initiée, précisément pour éviter la panique et répondre aux besoins, questions, angoisses. Cela a magnifiquement fonctionné, car 98 % des enfants juifs sont retournés à l'école le lundi qui a suivi l'attentat perpétré le samedi. On a beaucoup parlé, communiqué pour répondre à la peur que représente la violence d'un tel acte terroriste. »

Malheureusement, dans les mois qui suivent l'attentat, l'antisémitisme continue à augmenter et la haine du Juif s'exprime tant sur les réseaux sociaux qu'en rue, contre des individus. Pourquoi ?

> « Parce qu'en Belgique, il n'y a jamais eu de réponse politique ferme, adaptée. C'est évidemment très dangereux, car si ni le politique, ni le Centre pour l'égalité des chances, ni d'autres institutions ne se prononcent, les victimes ont l'impression de ne pas être entendues, soutenues, et ça, c'est très grave. Chez nous, les paroles politiques ont toujours été trop timides ou trop tardives face à l'antisémitisme. Certes, le Premier ministre Di Rupo a regretté la situation lors du dîner du CCOJB[230] lorsqu'il a pris la parole, deux mois avant

230 Le discours complet du Premier ministre Elio Di Rupo au dîner du CCOJB le mardi 1er avril 2014 est disponible sur www.ccojb.be.

le drame du Musée juif. Mais l'antisémitisme débridé existe en Belgique depuis trop longtemps.

En France, même si le problème de l'antisémitisme est posé également de manière aiguë, les politiques trouvent toujours les mots justes pour condamner immédiatement tout fait antisémite. En Belgique, j'aurais aimé entendre une parole forte d'Elio Di Rupo le soir de l'attentat, comme le président Hollande ou le ministre Valls l'ont fait dans des circonstances similaires. Il faudra attendre presque un an et le discours de Charles Michel à la synagogue de Bruxelles pour dénoncer l'antisémitisme et dire que les Juifs ont toute leur place en Belgique. »

Un autre exemple ?

« Le Premier ministre français, Manuel Valls, a fait interdire les spectacles de Dieudonné en France parce qu'ils sont largement antisémites et négationnistes. Et il a gagné politiquement et juridiquement. En Belgique, aucun politique n'a osé le faire », dit amèrement l'ancien président.

Un autre problème est celui des médias.

« Là aussi, j'ai été très déçu de l'attitude de certains journalistes, en particulier du *Soir*, avec lesquels nous avons perdu toute communication. Nous sommes dans l'impossibilité de nous faire entendre sur certains dossiers. Vis-à-vis d'Israël, tout est toujours à charge, il n'y a jamais un élément positif qui est mis en exergue. Pour moi, c'est inadmissible. Mais il n'y a pas que certains médias et politiques ; les réseaux sociaux, les blogs sont une source de plus en plus importante où la parole de haine, qu'elle soit antisémite, raciste ou homophobe, est relayée et rarement sanctionnée. »

Je me suis beaucoup battu pour tenter d'empêcher la diffusion de cette haine qui se propage sans aucun contrôle sur Facebook, YouTube, etc. Or, c'est un vrai danger pour notre société. On a pu agir contre la pédophilie qui s'y développait de la même manière, donc si on met les moyens et la volonté, on doit pouvoir agir ici aussi. Pour obtenir un résultat, il faudrait que les politiques, les opérateurs, les journaux et les citoyens s'allient. Par ailleurs, je pense qu'il faudrait instaurer un contrôle citoyen d'Internet. »

Maurice Sosnowski travaille également beaucoup au niveau international avec le Congrès juif européen dont il est encore un des vice-présidents.

« Son président Moshe Kantor s'implique pour soutenir et permettre à la vie juive de renaître dans les pays et les villes où elle a été annihilée par la Shoah. Il défend la culture juive mais s'investit également dans la lutte contre l'antisémitisme en Europe. Tout comme le Congrès juif mondial et son président Ronald Lauder, qui lutte au niveau mondial contre la recrudescence de l'antisémitisme. Tant Ronald Lauder que Moshe Kantor ont expliqué aux autorités politiques de notre pays que les Juifs en Belgique, en Europe et dans le monde doivent être respectés comme tels et qu'il faut contrer toute intolérance, y compris l'antisémitisme.

Après l'attentat du Musée juif, lors de la conférence de presse que j'ai donnée en compagnie de Ronald Lauder

> venu avec une délégation juive du monde entier, j'ai à un moment exprimé notre espoir de recevoir une aide financière des autorités du pays (comme dans tous les États européens) afin de protéger les bâtiments communautaires. Quelques heures plus tard, juste avant de rentrer (avec cette délégation) en réunion avec le Premier ministre Di Rupo et ses principaux ministres, une amie me rapporte que lors de la conférence de presse, certains journalistes n'ont retenu et écrit que : "Les Juifs demandent encore de l'argent." Entendant cela, je ne peux retenir mes larmes devant Madame Milquet, qui comprend mon désespoir. Nous ne demandons que de vivre en sécurité et certains en profitent pour transmettre les images antisémites les plus éculées. Écœurant ! »

Pour Maurice Sosnowski, l'éducation est certainement le meilleur vecteur pour lutter contre toutes les formes de haine. Mais il doit s'accompagner d'un discours politique ferme, d'un langage médiatique équilibré et juste, ce qui permettra aux Juifs belges de rester dans leur pays.

> « Ils doivent se sentir respectés et soutenus. Il faut que les réactions soient courageuses, que les hommes et femmes politiques comme les médias corrigent le tir et agissent en ce sens. Pendant ma présidence, j'ai beaucoup appris, sur le plan politique mais aussi sur les dissensions internes au sein de la communauté juive. Elle est plurielle, ce qui est riche, elle est motivée et très active, mais aussi très critique et variée dans ses exigences, ce qui n'est pas toujours facile à coordonner.
>
> Je pense qu'on peut changer certains comportements et que j'ai pu contribuer à reconstruire certaines rela-

> tions politiques. Je me suis également rendu compte que dans de nombreux milieux, on ne sait pas ce que c'est qu'un Juif. On n'en a jamais rencontré. L'idée qu'on en a reste de l'ordre du fantasme. Je suis fier d'avoir pu donner une image différente de ma communauté et d'avoir renforcé les liens avec les communautés arméniennes et tutsies pour créer une véritable alliance de la mémoire. »

Et de conclure :

> « Je suis belge de la deuxième génération. J'ai toujours remercié mon pays d'avoir accueilli mon père, rescapé d'Auschwitz, et j'espère que mes enfants pourront continuer à vivre ici. Mais si les autorités n'ont pas le courage de s'exprimer plus fortement dans la lutte contre les extrémistes et la haine, je devrai m'avouer vaincu. »

PARTIE 4.
Que faire ?

10.
Pistes et conclusions

Le grand festin de l'antisémitisme

Sans amalgame ni stigmatisation, mais sans minimiser ni l'urgence ni la gravité de la situation, ce livre a voulu pointer les nouvelles formes d'antisémitisme en Belgique et sur le continent européen. De Dieudonné à Soral en France, de Laurent Louis à Mehdi Nemmouche en Belgique, des prêches antisémites à l'islamisme qui tue, les soubresauts de l'histoire nous ramènent une fois encore face à l'innommable. On assassine à nouveau des gens pour ce qu'ils sont : des dessinateurs libres et impertinents, des policiers qui font leur boulot ou des Juifs parce qu'ils sont… juifs.

En ce début de XXIe siècle, on a l'impression que les bêtes et les méchants se sont à nouveau donné rendez-vous. Ils sont tous là au grand festin de l'antisémitisme.

Les bateleurs sont bien sûr les plus bruyants, avec une mention spéciale pour Dieudonné, Laurent Louis et quelques autres. Pas loin de là, on trouve les confusionnistes : ceux qui voudraient appliquer le terme « génocide » au conflit israélo-palestinien. À l'occasion, ils mettent aussi en scène les incidents là-bas, pour attiser la haine ici.

L'antisémitisme a aussi ses ouvriers spécialisés : ces Occidentaux (parfois des Juifs qui se disent progressistes) qui débordent de culpabilité, de bons sentiments et de bonnes intentions. Ils sont prêts à tout pardonner et ont tout un stock de paroles généreuses avec lequel ils mettent un zèle certain à paver leur propre enfer... Ils pavent aussi au passage l'enfer des jeunes à qui ils passent tout et qu'ils contribuent parfois à pousser au pire. Certains d'entre eux méritent d'ailleurs une mention spéciale : ils plaidaient récemment pour le retrait des militaires dans nos rues et devant les lieux juifs. Il est vrai que ces lieux ne sont en aucun cas la cible de terroristes !

À côté de ces paveurs, on trouve aussi quelques jeteurs de pierres : ceux qui ont tellement mal digéré l'histoire coloniale de leur pays qu'ils sont tout contents de trouver un bouc émissaire pour décharger leur honte ou leur colère.

Les boycotteurs sont là aussi : de beaux esprits, parfois légèrement éthérés, qui pensent qu'on peut boycotter des universités ou des institutions culturelles sans stigmatiser ceux qui y travaillent et qui les fréquentent.

Pas loin, on trouve les pseudo-universalistes : ceux qui confondent universalisme (tous les hommes et toutes les femmes sont égaux – cela va de soi) et manque de discernement. Pour eux, l'antisémitisme ne serait qu'un racisme comme un autre.

Les fondus de l'islamophobie valent aussi qu'on s'y arrête : ils ont cru comprendre que l'antisémitisme est un concept marketing et voudraient bien fabriquer le leur.

Et puis, comme dans toute réunion de famille, il y a aussi quelques parents éloignés dont on murmure parfois avec pudeur qu'ils ont un peu perdu la boule. Je pense aux complotistes doux : ceux qui prétendent qu'on ne peut pas critiquer Israël et ne s'aperçoivent même plus qu'il n'y a pas de pays au monde qui soit autant critiqué…

Et puis, bien sûr, les conspirationnistes : ceux qui osent se plaindre de « censure » ou prétendre à la toute-puissance de tel ou tel lobby dès qu'une dénonciation de leurs agissements est faite. Ceux-là, ils osent tout. C'est même à ça qu'on les reconnaît.

Parmi les délirants, on trouve aussi ceux que l'historien Georges Bensoussan appelle « les spécialistes du déni de réalité : ceux qui étaient convaincus que l'assassin de Toulouse était un néonazi, un Breivik à la française[231] ».

Et pour clore le bal, il y a bien sûr toute la kyrielle des populistes conservateurs, des nationalistes et aussi des fascistes d'extrême droite, qui poursuivent leur long parcours dans la détestation des Juifs et l'expriment par une nostalgie néonazie ou par un négationnisme qui a trouvé une nouvelle jeunesse dans une alliance « rouge-brun-vert[232] » qui fédère tous les extrêmes.

231 Alexandre Devecchio, « Des territoires perdus de la République aux territoires perdus de la nation (1/2) », *op. cit.*

232 Le rouge de l'extrême gauche, le brun de l'extrême droite et le vert de l'islamisme.

D'abord protéger

Face à ce rassemblement menaçant, la lutte contre la résurgence de l'antisémitisme est un défi majeur pour l'avenir de nos démocraties. La Belgique, qui à juste titre se veut plurielle et ouverte, n'a pas d'autre choix que de le relever.

Aussi impopulaire que cela puisse être dans certains milieux, il va de soi qu'une première réponse urgente est d'assurer la protection au quotidien des lieux juifs. Le Premier ministre Charles Michel est le premier dans cette fonction à avoir eu des mots forts, à l'instar de certains de ses homologues à l'étranger. Lors de la cérémonie de commémoration du 70e anniversaire de la libération des camps de concentration à la grande synagogue de Bruxelles, il n'a pas hésité à avouer que dans notre pays, « la lutte contre l'antisémitisme est un échec ». Il a rappelé que « la Shoah n'a pas d'équivalent dans l'histoire. [...] C'était il y a 70 ans, c'était hier. Je souhaite ici réaffirmer la condamnation de ce crime à jamais impardonnable », a-t-il déclaré. Charles Michel a également rappelé la « spirale dramatique de l'antisémitisme en Belgique », citant quelques exemples. Il regrette publiquement le départ de certains Juifs à cause de la situation :

« Aucun Belge ne doit se voir contraint à quitter le pays. La Belgique sans les Juifs ne serait plus la Belgique. L'Europe sans les Juifs ne serait plus l'Europe », dit-il, paraphrasant le Premier ministre français, Manuel Valls.

« Dans l'immédiat, nous avons renforcé le niveau d'alerte. Mais nous devons nous attaquer plus durement à l'antisémitisme, qui devient une cause nationale. Toutes les plaintes doivent être actées et faire l'objet de poursuites, a-t-il ajouté. Quand un acte antisémite est commis en Belgique, c'est la société belge tout entière qui est agressée. Nous sommes debout et nous nous sentons tous juifs », a-t-il conclu[233].

Charles Michel va plus loin et réclame la « tolérance zéro » pour les actes antisémites rapportés à la justice et annonce que l'État interviendra dans la sécurisation des lieux de vie juifs.

Ne pas tolérer la haine est une question de respect de soi et de l'autre

Donner une réponse ferme à toute expression de haine antisémite, refuser clairement tout dérapage, ce n'est pas seulement vouloir se protéger soi-même. C'est aussi signifier à l'autre qu'on le tient pour responsable de ses propres actes, que l'on considère qu'il doit aussi assumer sa part de responsabilité dans la construction du vivre ensemble. C'est traiter l'autre en partenaire et refuser de l'exonérer à bon compte de ses propres dérives.

Trop souvent, la tolérance zéro a mauvaise presse et parfois même, on nous demande de « comprendre » l'action de ces jeunes, désœuvrés, manipulés et eux-mêmes discriminés. Pourtant, tolérer la moindre dose d'antisémitisme, de racisme, d'homophobie ou de sexisme chez un jeune, quelle que soit son origine, sa culture ou sa religion, c'est lui manquer profondément de respect, c'est mettre en doute sa capacité à appendre, à réfléchir, à comprendre et à changer.

Un manque de courage et d'ambition qui empêche d'agir au niveau de la prévention ou de la répression, signe non seulement de l'échec des politiques publiques face à l'immigration,

233 « "La lutte contre l'antisémitisme est un échec" affirme Charles Michel à la grande synagogue », publié sur Lesoir.be le 26 janvier 2015.

mais représente également d'une certaine forme de mépris plus ou moins inconscient que nous continuons à avoir pour certains de nos concitoyens.

La conséquence directe de cette faiblesse et de la complaisance qui l'accompagne est non seulement un sentiment d'abandon du côté des victimes de la violence antisémite, mais aussi un sentiment de rejet et de désintérêt du côté des auteurs de cette violence. Ne pas réprimander immédiatement et justement un enfant qui utilise « juif » comme une insulte dans une cour de récréation, c'est en quelque sorte lui faire entendre que cela n'a aucune importance. Soit que l'insulte elle-même est anodine, soit que celui qui la profère n'est pas suffisamment digne d'intérêt pour que l'on s'arrête à ses mots.

Ce vide laissé ici, que ce soit par des enseignants, des responsables politiques, des éducateurs ou des policiers, est violemment amplifié par l'effet miroir de l'importation du conflit où ceux qui agressent ne sont pas Palestiniens et ceux qui en sont les cibles ne sont pas Israéliens. Si ce rejet qui prend sa source au Moyen-Orient peut façonner des comportements et engendrer de la violence ici, c'est seulement en réponse au vide que nous avons laissé s'installer. La spirale est d'autant plus forte que le vent qui attise le feu provient aussi de ces autres conflits qui opposent les démocraties à des entités pseudo-étatiques inspirées par l'Islam le plus rétrograde.

Face à ces questions, beaucoup de dirigeants restent sans réponses. Ou ils n'osent pas les formuler. La peur d'être taxé de racisme joue évidemment un rôle important dans cette paralysie politique.

Les quelques-uns qui osent s'exprimer le font hélas parfois avec une maladresse et une brutalité inopportunes. C'est d'un discours ferme et solide que nous avons besoin et pas d'une communication à l'emporte-pièce en 140 caractères maximum.

Viriliser le discours pour répondre à une peur légitime

Ces questions, je les ai évoquées avec Mohamed Sifaoui. Il est journaliste, écrivain, réalisateur et scénariste. Après les attentats du 11 janvier en France, il a créé et préside l'association « Onze Janvier ». Il combat l'islamisme et refuse la compromission. Il est passionné de démocratie, de liberté et a la fâcheuse habitude de réaliser ses projets et de dire ce qu'il pense. Il me parle sans tabou. Comme toujours.

Quand je lui dis que je suis inquiète des discours qui généralisent l'attitude des musulmans sur les violences et qui en font tous des assassins potentiels, il me répond :

> « La peur est légitime dans ce contexte, l'inquiétude et la colère aussi. Ces attentats terroristes sont d'une violence inouïe, une humiliation. Les menaces représentent également une violence. Dans le Thalys[234], le but du tueur Ayoub El-Khazzani était de faire autant de morts que possible en remontant à partir de la dernière voiture vers les autres wagons. Dans un train international, il aurait pu toucher des personnes de différentes nationalités et créer à lui tout seul un climat de peur dans de nombreux pays. Or, on vit dans une Europe en paix. Ces actes à répétition accompa-

234 Le 21 août 2015, un attentat fomenté par un jeune Marocain monté en gare de Bruxelles-Midi dans le Thalys 9364 de 15 heures 17 armé d'un fusil d'assaut, de neuf chargeurs avec 270 munitions et d'un pistolet est déjoué. Il est arrêté par quatre passagers au comportement héroïque.

gnés d'un climat délétère entretenu par ces milieux djihadistes sont une déclaration de guerre à nos sociétés. De ce point de vue, le Premier ministre français, Manuel Valls, a raison de parler de "guerre" contre le terrorisme. Il faut viriliser le discours et faire preuve de fermeté démocratique pour rassurer les gens, sinon ils se tourneront vers l'extrême droite. Mais il faut les amener à changer la forme de l'expression de cette peur en puisant exclusivement dans les valeurs universelles et non pas dans les haines et la xénophobie qui alimenteraient ceux qu'on est appelé à combattre, en l'occurrence les terroristes dont le principal objectif est de cliver les sociétés démocratiques et d'exacerber les communautarismes et les replis sur soi. »

Que faire, alors ?

« Il faut continuer à se mobiliser contre l'islamisme en raison de son caractère nihiliste et totalitaire. Mais ce n'est pas simple. Dans nos démocraties, on a appris et on sait comment répondre aux discours et aux actes qui viennent de l'extrême droite traditionnelle, mais on est désarmé face à l'islamisme. Pourtant, il faut un contre-discours démocratique qui y réponde, un contre-narratif démolissant leur propagande. C'est ce que l'association "Onze Janvier" a commencé à faire et développera encore plus à l'avenir. »

Lutter contre les obstacles culturels ou sociaux

Mais la réponse sécuritaire, aussi nécessaire qu'elle soit, ne peut en aucun cas être suffisante. Il est aussi urgent de s'atteler à combler les fossés d'incompréhension qui existent entre communautés. C'est ce que Serge Rozen, le président du CCOJB depuis mars 2015, veut s'atteler à réaliser.

Serge Rozen est ingénieur civil[235] et a accepté de relever le défi de la présidence du CCOJB dans des circonstances pour le moins tendues. Il a ainsi fait preuve de l'engagement et de la générosité qu'on lui connaît. S'il avoue n'avoir vraiment pris conscience de l'importance du phénomène de l'antisémitisme en Belgique qu'une fois élu à la présidence de l'association coupole de la communauté juive, il a été mis dans le bain assez rapidement.

> « Précédemment, en tant que personne, je n'ai jamais été victime de paroles ou d'actes antisémites. Ma seule perception de cette problématique était liée à ce que la presse en racontait, à sa description des faits et manifestations. Ma fonction au CCOJB m'a amené à mieux appréhender et comprendre l'étendue de ses différentes expressions et à estimer l'intensité de l'antisémitisme à sa plus juste mesure, comme ses sources et ses conséquences. »

Qu'est-ce qui l'a d'emblée le plus frappé ?

> « J'ai malheureusement vite réalisé que les préjugés antisémites sont très répandus au sein de la communauté musulmane, ce qui a notamment conduit beaucoup d'élèves juifs à quitter l'enseignement public (particulièrement à Bruxelles) pour fuir un environnement devenu hostile.

235 Également diplômé en sciences du management, il est aujourd'hui consultant indépendant en conseil en gestion et organisation. Militant, il a entre autres présidé la Fondation Simon et Lina Haïm.

> C'est un triste constat. Pour apporter notre contribution à un dialogue intercommunautaire, nous avons rencontré le collectif citoyen "Initiatives citoyennes pour un Islam de Belgique" (ICIB) dans un esprit de dialogue constructif, mais surtout pour que nous puissions ensemble aider à déconstruire les préjugés et lutter contre les obstacles culturels ou sociaux qui existent et pour apprendre à mieux nous connaître. Nous devons à la fois combattre l'antisémitisme "ordinaire" en augmentation et réagir contre le racisme antimusulman qui se développe dans notre société. Ensemble, nous avons analysé les choses et nous comptons développer des actions et des activités communes, destinées à promouvoir la solidarité et la bonne entente entre tous les citoyens de Belgique et à exorciser les peurs et les méfiances qui empêchent les échanges et le dialogue. »

Le second élément pointé par le président est l'importation du conflit au Moyen-Orient, qui a mené à de violents dérapages verbaux (et même physiques) lors de manifestations et dans les médias.

> « Cette importation mène à une diabolisation d'Israël et aux amalgames les plus insupportables, soit : Israël = Juifs = occupants = fascistes. Pour y répondre, je veux maintenir le dialogue entamé par mon prédécesseur avec les médias et même l'intensifier pour tenter d'enrayer cette surmédiatisation du conflit chez nous. Et parallèlement, évidemment, il faut combattre toutes les tentatives de boycott qui ciblent spécifiquement et uniquement Israël ! »

Enfin, face à la libération de la parole antisémite sur les réseaux sociaux, qui se traduit par une explosion de messages de haine, antisémites et/ou racistes, Serge Rozen conclut :

« Je pense qu'il faut mettre en place de meilleurs contrôles de ces réseaux sociaux, développer des programmes éducatifs mais aussi exiger plus de rigueur dans le domaine de la justice pour sanctionner et condamner les actes antisémites sous toutes leurs formes. »

De la folie à l'intelligence collective

Si le contexte international agit comme un révélateur du malaise, il engendre diverses réactions qui peuvent aller du rejet à la peur, au repli sur soi. Nous devrions précisément faire le contraire et préparer nos enfants à être ouverts sur le monde extérieur, développer leur curiosité et le plaisir de la découverte, mais aussi leur donner les outils d'une capacité de verbalisation sans violence et d'expression d'une analyse critique. Surtout dans le contexte de l'Internet et des réseaux sociaux.

L'évolution personnelle de l'enfant dans le respect de l'autre, doit être considérée comme une priorité, c'est cela qui leur permettra de vivre en collectivité. L'enfant, si petit soit-il, voit l'école comme son univers personnel où il se déplace en toute confiance, au rythme de ses besoins et d'échanges permanents, mais en même temps, il doit être confronté à son histoire, à ses racines et à l'apprentissage de contraintes sociales. Si l'enseignement est basé sur des expériences vécues comme sur l'insertion dans la vie sociale et communautaire, les élèves pourront peut-être aller vers l'autre et rejeter la violence comme réflexe.

L'éducation ne concerne cependant pas que les enfants. Y a-t-il quelque chose à faire pour aider les adultes à changer leurs points de vue et à se parler ? Cette question, j'ai choisi de l'aborder avec Charles Rojzman, philosophe et écrivain français, auteur de nombreux ouvrages sur la violence, les conflits et ce qu'on appelle aujourd'hui le « vivre ensemble ». Il est le fondateur de la « thérapie sociale », qu'il pratique et développe dans de très nombreux contextes sociaux et institutionnels. Sa recherche est entièrement tournée vers le développement de nouvelles formes d'éducation à la vie démocratique et de modes de prévention de la violence en France et à l'étranger. Après avoir dirigé plusieurs structures de thérapie sociale en France, il a créé l'Institut Charles Rojzman. Il définit la thérapie sociale comme une discipline ayant trois objectifs principaux : la résolution de problèmes complexes par l'intelligence collective, prévenir et guérir les violences et une nouvelle éducation à la démocratie. Rencontre avec un homme passionné des relations.

Alors que Charles Rojzman ne s'est jamais considéré comme un partisan inconditionnel de la cause d'Israël, il est choqué par les affirmations de « génocide » et de « massacre » pour définir la bataille de Jénine qui, en réalité, a fait 53 morts côté palestinien – des combattants armés – et 23 soldats côté israélien.

> « L'émotion internationale s'est par la suite développée en contradiction avec la réalité des chiffres et à l'appui de nombreux mensonges. Alors que le conflit entre Israël et les Arabes est un conflit de basse intensité, dans la région des Grands Lacs, par exemple, il y a eu plusieurs millions de morts dans l'indifférence générale. Et on peut ainsi énumérer de nombreux conflits. On meurt partout dans le monde et d'autres armées font encore plus de victimes civiles, comme l'OTAN en Afghanistan ou en Serbie, ou encore l'Arabie saoudite au Yémen, sans parler du régime syrien.

> C'est cette diabolisation dirigée contre l'État d'Israël qui m'a fait réfléchir. Je me suis d'abord posé la question : pourquoi cette diabolisation ? Je l'explique en partie par une profonde empreinte des religions sur l'inconscient collectif. Pour les autres religions monothéistes, le christianisme ou l'islam, les Juifs auraient dû disparaître en tant que religion. Le christianisme s'est affirmé comme le *verus Israel*, le vrai Israël. Les Juifs n'ont voulu reconnaître ni le Christ, ni le prophète Mohamed. Donc, les Juifs ne devraient pas exister. Mais ils existent, ce qui est acceptable tant qu'ils ont un statut inférieur et qu'ils restent à leur place... C'est lorsqu'ils acquièrent de la puissance et de l'importance qu'ils réveillent un antisémitisme féroce. Comme en Europe au XIXe siècle, quand ils sont sortis du ghetto et qu'ils ont acquis des positions importantes dans la vie sociale et culturelle européenne, en particulier en France et en Allemagne. »

Pour le psychothérapeute, les Juifs suscitent une peur comparable à l'ancêtre qui ne veut pas mourir.

> « On les considère alors comme dangereux. Au temps des nazis, on disait même que les Juifs étaient un peuple génocidaire[236]. Et ce qui était dit des Juifs hier, on le dit d'Israël aujourd'hui. Ils représentent un danger mortel pour l'humanité en poussant les peuples à la guerre mondiale. Les antisémites le disaient pour les Juifs, ils le disent aujourd'hui pour Israël. Au Moyen Âge, on accusait les Juifs de crimes rituels, et

236 Je ne peux m'empêcher de penser, en entendant cela, à ces mots de Louis-Ferdinand Céline : « Toutes les guerres, toutes les révolutions ne sont en définitive que des pogroms d'Européens organisés par les Juifs », que j'ai revus récemment cités dans un texte de Joël Kotek.

aujourd'hui on accuse les "sionistes" israéliens d'être des tueurs d'enfants palestiniens.

Il faut donc réagir. Car à la situation actuelle s'ajoutent d'autres éléments qui se transforment en violence et entraînent certaines personnes dans une folie collective à la recherche d'un bouc émissaire : tel un *deus ex machina*, ou telle la figure du Juif présent dans les autres religions monothéistes. Beaucoup de violences sont liées à des crises sociétales. Comme au sein du monde musulman, par exemple, où il y une crise du patriarcat, car la structure familiale est en contradiction avec les besoins de la modernité qui exige davantage la liberté des individus, hommes et femmes. Pour résoudre cette crise, on va rechercher des solutions, des explications simples. Et donc on va diaboliser les Juifs : c'est à cause d'eux que tout va mal dans le monde, dans la société, et les Juifs sont assimilés au Diable. C'était déjà le cas dans le christianisme, et à l'occasion chez les musulmans. Les Juifs ont trahi le message de Dieu, ils sont cupides, mauvais, représentent le mal sur Terre. À l'instar du Diable, ils veulent dominer le monde terrestre par le lucre et le stupre. »

Des pistes pour répondre à cela ? Oui, elles existent.

« Bien sûr, il faut continuer sans relâche à faire connaître les faits et à corriger les mensonges relayés par beaucoup de médias européens. Mais cela ne suffit pas. Les causes de l'antisémitisme ne sont pas d'origine rationnelle et les argumentations raisonnées et factuelles ne suffisent pas. Il faut comprendre que l'antisémite d'aujourd'hui ne se vit pas comme un persécuteur des Juifs mais comme une victime

> des Juifs et de leur chantage à l'antisémitisme. Israël, comme les Juifs pour les antisémites des siècles précédents, représente le mal et il faut expurger le mal sioniste pour que l'harmonie règne entre les peuples. En cela, les antisémites et les antisionistes sont aidés par la propagation des idées négationnistes. Et face à cela, aucune argumentation ne tiendra jamais la route. Car on est dans une sorte de folie collective où la réalité n'existe pas. Par exemple, si on prend le nombre de morts à Gaza et qu'on fait une analyse contradictoire sur les chiffres, ils diront que c'est de la propagande. Quand on parle des boucliers humains, c'est pareil. C'est un déni de la réalité qui empêche de désigner les vrais problèmes. »

La question qui se pose alors est de savoir comment sortir de cette impuissance sur fond ancien d'antisémitisme religieux, qui existe toujours dans l'inconscient collectif.

> « Cette impuissance se présente sous différentes formes selon son appartenance à l'un ou l'autre courant politique et les valeurs que l'on défend ou pas. Pour la gauche, le héros est le pauvre, le malheureux. Aujourd'hui, c'est aussi souvent l'immigré, et par conséquent le musulman ou, sur le plan international, le Palestinien. On peut parler, comme G. K. Chesterton, de "vertus chrétiennes devenues folles"[237]. De même, on peut parler d'"idées marxistes devenues folles", où l'on voit le monde divisé en dominants et dominés et où le Palestinien tient le rôle principal, puisque contrairement à d'autres peuples autrefois colonisés, celui-ci n'a pas encore "déçu". »

237 Gilbert Keith Chesterton, *Orthodoxy*, 1908.

Il faut donc agir. Comment ?

> « Quand j'ai organisé des groupes de rencontre entre Palestiniens et Israéliens, cela n'aurait servi à rien si chacun était resté dans le déni de la réalité de l'autre, entretenu par les blessures ou les violences vécues par chacun et par la peur exprimée suite à cela. Leur demander alors d'aller à la rencontre de l'autre ne sert à rien. On ne peut pas discuter dans cet état de victime. Il faut trouver des motivations à se rencontrer pour un dialogue véritable. »

Charles Rojzman précise :

> « Par le travail collectif de thérapie sociale, on pourra soigner ce que j'ai appelé les trois maladies sociales : d'abord la dépression, c'est-à-dire le jugement négatif que certains antisémites ont sur eux-mêmes. Les risques sont alors que la personne déprimée va vouloir s'en sortir en se valorisant au détriment de l'autre, qu'elle va mépriser ou haïr. Le deuxième trouble est la sociopathie : la personne voit le monde à travers un esprit de compétition victimaire qui permet d'obtenir des bénéfices. Le musulman sera ainsi comparé au Juif et encore plus victime que lui. Enfin, il y a la paranoïa, qui est une autre forme de victimisation : si on va mal, c'est la faute des autres. Et là, il faut travailler pour faire comprendre que la responsabilité des problèmes qu'on rencontre dans sa vie est aussi chez soi, dans sa famille. Sinon, en imaginant que la source de tous les problèmes se trouve chez un groupe de personnes qui manipulent le monde entier, on en arrive vite à identifier ces puissances occultes aux Juifs et on en revient à l'antisémitisme. »

Les Juifs sont responsables des crises, car ils sont banquiers, dirigent la finance mondiale, etc. On peut agir en aidant les gens à voir que le « mal » ou les violences peuvent être partout, y compris chez eux.

> « Je travaille pour qu'ils arrêtent d'isoler les causes des problèmes et le "mal" comme étant quelque part dans le monde, comme chez les Juifs, qui sont alors diabolisés, c'est-à-dire carrément assimilés au Diable. La première piste de solution, c'est donc d'aider ces personnes à localiser les dysfonctionnements dans leurs vies et ainsi créer les conditions pour que les gens voient leur réalité et non pas une réalité décrite par des personnes extérieures, qui seront alors accusées de faire de la propagande. »

À partir de là, ils pourront retrouver une puissance nouvelle et véritable qui leur évitera d'être obsédés par la « malfaisance » des Juifs. Comment aborder ce travail de groupe ?

> « Quand on crée ces rencontres, il faut s'assurer que s'y "affrontent" des personnes avec des visions, des vécus, donc des réalités très différentes, pour que le processus permette de renforcer leur confiance en eux et en les autres. Ils doivent pouvoir décrire leurs réalités divergentes, échanger les expériences, même à travers des conflits. C'est cela qui permet de créer la confiance, de se raconter, de se centrer sur les réalités et non les fantasmes. Par exemple, dans un travail que j'ai fait en Cisjordanie, mis en confiance, un groupe de Palestiniens a raconté ce qu'ils vivaient réellement aux check-points : l'arrogance ou la brutalité de certains jeunes soldats israéliens, mais aussi la gentillesse et la bienveillance d'autres. Ils ont raconté

aussi les violences qu'ils vivaient dans leurs relations familiales et sociales, dans leur propre camp. La réalité simple est confrontée à celle des autres. Dans cette relation qui est établie, on peut alors se raconter et écouter la souffrance de l'autre. On crée une intelligence collective de l'intérieur et on peut aborder les vrais problèmes et sortir de la victimisation. On est dans le réel et dans l'actualité. Le travail thérapeutique de groupe permet en effet de mettre un terme aux fantasmes (il n'y a par exemple jusqu'à présent jamais un soldat israélien qui ait été accusé de viol sur une Palestinienne, contrairement aux autres conflits), de partager la réalité de l'autre. Ils restent des adversaires, qui acceptent de négocier ou qu'ils vont combattre, mais en sortant du cycle de la violence. La personne va ainsi apprendre à penser par elle-même, hors du groupe. »

Selon lui, il faudrait également créer de tels groupes en Belgique avec des responsables, non-musulmans et non-Juifs, musulmans et Juifs, pour faire ce type de travail afin d'être mieux entendu et compris à travers la vision d'une réalité dans leur milieu. Il faut trouver des personnes motivées par les mêmes objectifs concrets, qui sont prêtes à être formées à cette méthodologie de réconciliation, et organiser des rencontres.

« Par exemple, j'ai organisé des groupes de femmes musulmanes et juives sépharades qui se sont retrouvées sur le thème de l'éducation des enfants, à savoir comment éviter qu'ils "tournent mal ou ratent leurs études et leur vie professionnelle". En Alsace, j'ai organisé des rencontres entre des "Alsaciens de souche" et des gens d'origine turque et maghrébine pour trouver ensemble des solutions sur la sécurité et la propreté des

> espaces verts de leur quartier, dans l'intérêt de toutes les familles soucieuses de protéger leurs enfants.
>
> Pour cela, il faut également développer l'esprit critique vis-à-vis d'une propagande qui est l'expression d'un antisionisme virulent, à tel point que l'on reste sans ressources vis-à-vis de cette violence. »

Pour le psychothérapeute, il faut donc commencer ce travail en sortant de l'argumentation.

> « Si la réalité est filtrée par les émotions collectives ou individuelles, tout sera interprété à travers cette grille de lecture. Comme par exemple pour la guerre de Gaza. Si on est dans le déni, toute la réalité sera interprétée et les milliers de roquettes qui tombent sur les villes israéliennes n'auront aucune valeur, car la seule chose qui importera alors sera la disproportion de la riposte et le nombre de morts. La vision est déformée. Cette vision déformée de la réalité sera essentiellement le fait de gens instruits et cultivés : des universitaires, des journalistes, des personnes politiques… Ils interprètent les faits, en oublient d'autres. Des personnes moins instruites et qui ne connaissent rien au conflit diront plus facilement “je ne sais pas, je ne suis pas au courant”, tandis que ceux qui pensent savoir – souvent par presse interposée ! – vont aller dans le même sens à travers les émotions collectives et individuelles. Leur opposer alors des arguments rationnels n'aide à rien. »

Selon lui, cela s'explique assez facilement.

> « En fait, chacun d'entre nous reproduit des schémas de violences subies dans un contexte donné et dans

> son rapport aux autres. Cela peut être de la culpabilité (suite à quelque chose qui a été vécu dans son enfance) ou de la maltraitance. Sa vision de la réalité se fera alors à travers le filtre de ces émotions. Beaucoup de personnes ont vécu des traumatismes, des blessures, des malheurs, même s'ils n'en ont pas conscience. Ce qui peut donner, à l'extrême gauche, une personne qui a été culpabilisée et qui rêvera d'amour universel, s'identifiera aux victimes, quelle que soit la réalité. Ou à l'inverse, à l'extrême droite, une personne qui a par exemple été maltraitée, qui s'identifiera aux puissants, développera une haine pour les faibles. Ou encore l'Occidental, culpabilisé collectivement, qui va réagir violemment contre les armées, la police et il fera le transfert sur l'armée israélienne, considérée comme puissante. *Idem* vis-à-vis de l'immigré musulman, faible à défendre pour déboucher sur cet islamo-gauchisme, qui développe une diabolisation non seulement du Juif, mais aussi d'Israël et ainsi, l'antisionisme devient de l'antisémitisme reporté sur Israël. »

Ainsi, la boucle est bouclée. Et si cette folie collective est de surcroît renforcée par de la propagande, elle débouche sur une psychose collective, telle qu'on a pu la rencontrer au Rwanda, au Cambodge, avec Hitler, etc. Et de conclure :

> « On en est là. La maladie collective, développée donc sur fond d'inconscient collectif religieux, additionnée aux malheurs individuels et collectifs nécessite une réponse collective, sinon on risque une amplification du développement de l'antisémitisme qui peut devenir très dangereuse. »

En conclusion… « Mal nommer les choses, c'est ajouter au malheur du monde[238] »

Et si nous osions désormais nommer un chat un chat ? Si les femmes et les hommes politiques – mes collègues – osaient désormais s'approprier les thèmes difficiles, il ne faudrait plus craindre que les extrémistes s'en emparent. Un discours fort, à la fois ancré dans les valeurs et respectueux de chacun, pourrait faire évoluer les mentalités positivement et répondre aux propos haineux.

Il n'y a pas de hiérarchisation dans les souffrances, pas de concurrence des victimes. Aujourd'hui, nous sommes face à un problème que l'Europe a déjà connu, sous des formes différentes, bien souvent dans le passé. Cette histoire a laissé des traces dans nos mémoires et si hier, les Juifs n'avaient que leur passé pour avenir, ils sont conscients de la nécessité, aujourd'hui, de résister.

Nous avons montré qu'il y avait différentes manières de le faire. Il faut résister, ne pas abandonner la bataille et créer des ponts pour toujours construire un dialogue.

Enfin, respectons-nous. Osons parler en adultes. Comme le propose Mohamed Sifaoui, osons puiser la force de nos idées exclusivement dans des valeurs universelles. Parlons vrai, mais parlons bien. Utilisons le langage des démocrates.

Et vous ne devrez plus jamais me dire : « Je ne suis pas antisémite, mais… »

238 Albert Camus, *Études sur Brice Parain*, 1950.

Lexique

Antisémitisme
Un chapitre a été consacré au terme dans *Salomon, vous êtes juif !?*, une encyclopédie pourrait y être consacrée, nous nous limiterons ici à une brève définition. Elle sera un peu plus longue que celles des autres termes, étant donné l'instrumentalisation qui en est faite et l'usage qui en est régulièrement consteste.

Le terme « antisémitisme » a toujours été utilisé pour désigner la haine à l'égard des Juifs. Il n'a jamais qualifié l'hostilité à l'égard d'un autre peuple, « sémite » ou non, ni un autre groupe ethnique, quel qu'il soit. En ce sens, il équivaut donc à « antijudaïsme », « judéophobie » ou « haine des Juifs ». Pour le dire autrement, l'antisémitisme consiste à s'en prendre à des Juifs en tant que tels et signifie, dans son acception commune, une attitude d'hostilité à l'égard des Juifs, quel que soit le motif de cette hostilité, et ce, à travers les siècles.

La paternité du mot est généralement attribuée à Wilhelm Marr[1], qui l'invente – ou en serait son premier et principal

1 Journaliste allemand. Source : *Wikipédia* (consulté le 6 octobre 2015).

propagateur, identifiant formellement un type d'hostilité qui commence à apparaître au milieu du XIXe siècle[2] – pour désigner la haine « non confessionnelle » envers les Juifs et le judaïsme, prônée par son parti politique, la Ligue antisémite. Sans se dire hostile aux Juifs d'un point de vue religieux, il invoque des raisons sociales, économiques, politiques ou raciales qui justifieraient la détestation des Juifs. C'est précisément après l'émancipation des Juifs et leur entrée dans la société non juive d'Europe que ces idées, rassemblées sous le terme générique « antisémitisme », se répandent dans l'Empire austro-hongrois, en Russie et en France. À partir de là, l'antisémitisme entre dans l'usage commun pour décrire une haine dirigée uniquement contre les Juifs. Le rejet des Juifs devient la réponse à toutes les peurs, à toutes les instabilités, à toutes les tensions. Finalement, le mot « antisémitisme » nomme la forme que prend, dès le milieu du XIXe siècle, la désignation des Juifs comme boucs émissaires dans les sociétés industrielles[3].

Avec l'antisémitisme, on échappe à toute explication rationnelle. L'opposition est totalement fantasmatique. On le sait, l'infanticide (crime rituel) est au cœur de l'accusation antisémite et au centre, hier comme aujourd'hui, des représentations mentales judéophobes.

Joël Kotek[4] : « L'antisémitisme est un délire sociétal qui fait du Juif – un Juif totalement impossible, imaginaire, fantasmé – le responsable des malheurs du monde, et ce, des débordements de la Seine à Paris au XIXe siècle (Drumont) au virus du sida aujourd'hui (Dieudonné) en passant par le tsunami en

2 « L'"antisémitisme", une hostilité contre les juifs », publié sur www.phdn.org le 18 mars 2002.

3 Viviane Teitelbaum, *Salomon, vous êtes juif !?*, *op. cit.*, p. 16.

4 Joël Kotek dans *ibid.*, p. 17.

Indonésie (la presse égyptienne). Il y a tout de même derrière l'antisémitisme une certaine forme de rationalité, que l'on ne peut que qualifier de perverse. Ce n'est pas par hasard en effet que les Cités chrétienne et musulmane (et elles seules) ont fait du Juif leur bouc émissaire privilégié et idéal. Cela tient naturellement à la faiblesse intrinsèque du Juif (il est le plus souvent sans défense), à sa solitude (il est le plus souvent le seul élément hétérogène), mais aussi et surtout à son statut pour le moins ambivalent : le peuple juif a beau être honni et méprisé, il n'en reste pas moins admiré et craint pour être le peuple de la Bible, bref de la matrice originelle. Les Juifs seront tant bien que mal tolérés dans la Cité chrétienne (peuple témoin) et la Cité islamique (dhimmitude), et ce, contrairement aux hérétiques qui seront, quant à eux, systématiquement mis a mort.

L'homme a peur du hasard. Il se défie des facteurs multiples : il préfère la cause unique. L'antisémitisme pour désigner systématiquement le Juif ou l'Israélien comme cette cause unique est en cela rassurant. »

Antijudaisme

L'antijudaïsme[5] condamne le judaïsme pour ce qu'il est : une foi concurrente et qui plus est matricielle. Les Évangiles comme le Coran se basent en effet essentiellement sur les récits bibliques. On reproche aux Juifs ce qu'ils sont (des Juifs qui se refusent, ici au Christ, là à Mohamed) et/ou ce qu'ils font : ils prient le shabbat à la synagogue et pas le vendredi à la mosquée ou le dimanche à l'église, célèbrent la Pâque (pas les Pâques), respectent Yom Kippour (pas le carême ou le ramadan), etc. La querelle est d'ordre théologique et, somme toute, logique, si l'on songe à l'exclusivisme des croyances monothéistes.

5 Viviane Teitelbaum, *Salomon, vous êtes juif !?*, *op. cit.*, p. 16.

Apartheid – « Apartheid Israël »
L'Apartheid est le nom donné à la politique de ségrégation raciale conduite en Afrique du Sud par la minorité blanche à l'encontre de la majorité noire. Seuls les Blancs bénéficient alors des garanties d'un régime démocratique. L'apartheid était une politique dite de « développement séparé » affectant des populations selon des critères raciaux ou ethniques dans des zones géographiques déterminées. Mis en place en 1948, il a été aboli en 1991. Aujourd'hui, dans le cadre du conflit israélo-palestinien et en particulier depuis la Conférence de Durban (dans la version finale du document des ONG, Israël est accusé de « crimes de guerre et d'actes de génocide », il est qualifié d'« État raciste » et appel est lancé à lui appliquer « toutes les mesures prises contre le régime d'apartheid d'Afrique du Sud »), le terme « apartheid » est utilisé pour laisser croire qu'Israël serait un pays fondé sur la ségrégation raciale. Dans le cadre de BDS sont organisées des « semaines de l'Apartheid », on parle du « mur de l'Apartheid » et d'« Apartheid Israël ». Si on se base sur la définition de l'apartheid et la réalité mise en rapport avec cette dernière, l'on constate rapidement que l'un et l'autre n'ont rien à voir.

Sous l'Apartheid en Afrique du Sud, chaque détail de la vie faisait l'objet de discrimination par la loi. Les Noirs sud-africains n'avaient pas le droit de vote. La couleur de la peau déterminait où ils pouvaient vivre, travailler, aller à l'école ou à l'hôpital, quels transports ils pouvaient emprunter. *Idem* pour les parcs, les plages, les théâtres, etc.

Les Arabes d'Israël sont des citoyens à part entière. Ils ont le droit de vote et d'éligibilité. Lors du dernier scrutin en mars 2015, la liste arabe regroupant les communistes du parti judéo-arabe Hadash, les nationalistes de Balad ainsi que des islamistes est devenue la troisième force politique au Parlement israélien, la Knesset, obtenant 13 sièges. Un juge arabe siège dans la plus haute juridiction du pays ; un Arabe est chirurgien en chef à l'hôpital Hadassah, de nombreux médecins arabes y travaillent ; un Druze commande une brigade de l'armée israélienne ; lors du ramadan, l'armée israélienne modifie ses horaires pour les soldats bédouins. D'autres se trouvent à la tête de départements universitaires. Les bébés arabes et juifs naissent dans les mêmes salles d'accouchement et sont suivis par les mêmes médecins et infirmiers. Juifs et Arabes voyagent avec les mêmes trains, taxis et bus. Universités, théâtres, cinémas, plages et restaurants sont ouverts à tous. De quel apartheid parlent-ils donc ? Que la politique, en particulier celle de la coalition actuelle, soit critiquable, que des discriminations existent et qu'elles doivent être combattues, personne ne le nie. Mais un apartheid ?

Génocide

Un génocide n'est pas une question de nombre de morts. Ce mot, qui vient du grec *genos* (race) et du latin *caedes* (tuer), signifie la liquidation planifiée ou systématiquement organisée d'un peuple ; l'extermination d'êtres humains en raison de leur appartenance à un groupe spécifique, ethnique ou religieux. Cela peut vouloir dire son élimination ou la planification méthodique et systématique d'actions visant à détruire les éléments mêmes qui forment l'existence de ce groupe comme sa conscience nationale, sa langue et sa culture, son infrastructure économique et les libertés des individus qui composent cette société.

Le terme a été inventé en 1943 par Raphael Lemkin, un juriste originaire de Pologne dont une grande partie de la famille a péri pendant la Seconde Guerre mondiale. Le terme a été utilisé pour la première fois dans un document officiel en 1945, dans l'acte d'accusation des criminels de guerre nazis à

Nuremberg, mais le Tribunal de Nuremberg a préféré retenir d'autres incriminations, comme celle de « crime contre l'humanité ». Il faudra attendre 1948 pour voir le terme « génocide » entrer dans le vocabulaire du droit international. Lors de l'Assemblée générale des Nations unies du 9 décembre 1948, la résolution de la Convention pour la prévention et la répression du crime de génocide sera approuvée à l'unanimité.

Ghetto

Le mot « ghetto » vient de l'ancien dialecte vénitien « *geto* » (fonderie). Il désigne un quartier imposé aux Juifs, les séparant du reste de la population.

Le premier fut celui de Venise, créé en 1516. Les Juifs du ghetto devaient se signaler en portant une rouelle (petite roue) jaune sur la poitrine, puis par un béret ou un chapeau jaune.

Durant la Shoah, les ghettos constituèrent une étape centrale dans le processus de contrôle, de déshumanisation et de meurtre de masse des Juifs. Les ghettos étaient des quartiers isolés du reste du tissu urbain (souvent clôturés) dans lesquels les Allemands concentraient la population juive de la ville, parfois de la région, et l'obligeaient à vivre dans des conditions misérables. Au moins 1 000 ghettos furent créés dans les seules Pologne et Union soviétique.

Il existait trois types de ghettos : fermés, ouverts et de destruction. Le plus grand ghetto de Pologne fut celui de Varsovie, dans lequel plus de 400 000 Juifs furent entassés sur une superficie d'environ 3,3 kilomètres carrés. Les autres principaux ghettos furent ceux de Lodz, Cracovie, Bialystok, Lvov, Lublin, Vilno, Kovno, Czestochowa et Minsk. Des dizaines de milliers de Juifs d'Europe occidentale furent également déportés dans des ghettos à l'Est.

Pendant la Shoah, les Juifs des ghettos étaient contraints de porter des insignes ou des brassards afin de s'identifier et beaucoup furent soumis au travail forcé au profit du Reich allemand[6].

Par extension, aujourd'hui : lieu où une communauté vit en marge du reste de la population.

Islamophobie

« Le concept récent d'"islamophobie" est le fruit de l'action politique internationale de l'Organisation de la coopération islamique, un bloc de 57 États à l'ONU, dont le programme d'"Alliance des civilisations" vise à restaurer et à exalter l'image de l'islam dans la culture occidentale, programme auquel l'Union européenne a adhéré pleinement en vertu d'une série de traités et d'accords, dont les effets se ressentent dans tous les domaines, notamment éducatif, culturel, médiatique, politique.

Ce concept est problématique. Il met en œuvre une confusion qui identifie l'islam, une religion, une pensée, à une caractéristique ethnico-raciale. Il y a effectivement, sur le plan des normes, une distinction à faire entre le racisme antiarabe/musulman, une haine de type ethnique qui s'applique aux personnes individuelles et à la masse, avec la critique ou la haine de l'islam comme idéologie, philosophie ou religion. Il peut exister une haine idéologique du christianisme ou du judaïsme, de l'athéisme ou du laïcisme, comme du socialisme ou du communisme, mais tant que cette haine, ce mépris ou cette critique n'aboutissent pas à une atteinte aux personnes s'en recommandant, on n'est pas face à un cas de racisme mais à une animosité idéologique et intellectuelle. Il est vrai que cette animosité peut conduire à des actes agressifs. […]

6 Encyclopédie multimédia de la Shoah, disponible sur www.ushmm.org.

Le racisme antiarabe/musulman ne doit donc pas être confondu avec quelque perspective que ce soit concernant l'islam comme doctrine. Le terme de "phobie" est ici trompeur et pour cause, c'est pour cela qu'il a été forgé. Il réfère la haine à une défaillance psychique (donc irresponsable) et, surtout, il a une portée invasive qui ferait de toute opinion sur l'islam un racisme, ce qui reviendrait par exemple à faire du blasphème un acte raciste (ce qui est un but avéré de l'Organisation de la coopération islamique). Or, même si on accepte de considérer que le blasphème soit une provocation gratuite et inutile (on peut être athée sans jeter nécessairement le discrédit sur une croyance), ce n'est pas un acte "raciste" ou, plutôt, "discriminatoire". L'accusation d'islamophobie, de cette sorte, parce qu'elle s'étend aux valeurs et aux croyances de l'islam, parce que l'étendue du champ de la phobie n'a aucune limite, risque donc de se confondre avec un interdit de nature religieuse, intellectuelle, culturelle et idéologique, visant en l'occurrence, à protéger, défendre et illustrer l'islam. Il fait de lui une religion (un facteur culturel), un marqueur ethnique (un facteur réputé biologique), de sorte que le critiquer, ce serait porter atteinte à une ethnie[7]. »

Pogrom

Le nom « pogrom » est donné aux manifestations populaires de violence spontanée à l'encontre d'une communauté, accompagnées de destructions de biens, de viols, d'assassinats, de pillages…

Ramadan

Le ramadan est le mois saint pour les musulmans. Au cours de ce mois, ceux ayant l'âge requis ne peuvent ni manger, ni boire, ni fumer, ni entretenir de relations sexuelles de l'aube au

7 Extrait de Shmuel Trigano, « Le 11 janvier : un événement inquiétant », publié sur http://coolamnews.com le 16 janvier 2015.

coucher du soleil. Il constitue l'un des cinq piliers de l'islam. Le premier jour du mois suivant est l'occasion de célébrations observées durant la fête de rupture du jeûne.

Sémite

Le mot « sémite » a été créé au XIXe siècle pour regrouper non des races, mais des langues qui avaient une origine commune. Le mot vient du nom propre Sem[8], un des fils de Noé, dont, selon la Bible, plusieurs peuples seraient issus. Les représentants modernes en seraient les Arabes et les Juifs.

En linguistique, l'adjectif « sémitique » désigne un groupe de langues de la même famille comme l'hébreu, l'arabe, l'araméen, le babylonien, l'assyrien et l'éthiopien. Les langues sémitiques font partie de la famille des langues afro-asiatiques et sont parlées en Afrique septentrionale et saharienne ainsi qu'au Moyen-Orient.

Shabbat

Élément fondamental de la religion pour les pratiquants juifs, le shabbat est le jour de repos assigné au septième jour de la semaine juive, le samedi, qui commence dès la tombée de la nuit le vendredi.

Shoah

En hébreu « catastrophe », désigne le génocide des Juifs par le régime national-socialiste. Soit l'extermination systématique par l'Allemagne nazie de 1939 à 1945 de 6 millions de Juif – les deux tiers des Juifs d'Europe –, dont 1,5 million d'enfants. Ceux-ci ont été tués de diverses manières : affamés jusqu'à la mort dans les ghettos, sous-alimentés et soumis à des travaux forcés dans les camps de concentration, envoyés dans les chambres à gaz des camps d'extermination ou encore

8 En hébreu שֵׁם, « nom, renommée, prospérité », à prononcer [chem].

tués lors de fusillades massives, désignées par le terme « Shoah par balles ».

La singularité de la Shoah dont la portée est universelle réside dans l'extermination méthodique, organisée, bureaucratique et pouvant s'appuyer sur l'aide de collaborateurs – gouvernements et individus – à travers toute l'Europe.

Sionisme

Mouvement national de libération du peuple juif désirant l'établissement d'un foyer juif en Palestine. L'État l'Israël comme État juif, sioniste, démocratique est créé en 1948.

L'attachement à la terre d'Israël et en particulier à Jérusalem est au centre de la religion et de la culture juive. Malgré les exils, les persécutions et les expulsions, les Juifs ont maintenu une présence quasi ininterrompue en Israël. Au XIXe siècle, ils constituent la communauté la plus importante à Jérusalem et 61,9 % de la population en 1892[9].

C'est le journaliste viennois Théodore Herzl qui lancera le mouvement sioniste mondial avec une stratégie politique. La réunion, à Bâle, du premier Congrès sioniste mondial (29-31 août 1897) crée l'Organisation sioniste mondiale.

Le 2 novembre 1917, le gouvernement britannique publie la déclaration Balfour[10] qui envisage favorablement la création d'un foyer national juif en Palestine : « Le Gouvernement de Sa Majesté envisage favorablement l'établissement en Palestine d'un foyer national pour le peuple juif et emploiera tous ses efforts pour faciliter la réalisation de ce projet, étant

9 Source : www.cicad.org.

10 Déclaration de sympathie à l'égard du mouvement sioniste remise par le gouvernement britannique le 2 novembre 1917 (*Larousse*).

bien entendu qu'il ne sera jamais rien fait qui puisse porter atteinte aux droits civils et religieux des communautés non juives existant en Palestine ou aux droits et au statut politique dont jouissent les Juifs dans tout autre pays. » La déclaration Balfour est incorporée dans la lettre du mandat palestinien confié par la Société des Nations à la Grande-Bretagne en juillet 1922[11]. Le 29 novembre 1947, un vote historique à l'ONU crée deux États : l'un juif, l'autre arabe.

En 1975, une résolution de l'Assemblée générale de l'ONU, soutenue essentiellement par les pays du monde arabe et musulman et par le bloc communiste, assimile le sionisme à une forme de discrimination raciale, ouvrant ainsi la voie à l'antisionisme, à la diabolisation de l'État d'Israël et par extension à l'hostilité aux Juifs. Israël devient ainsi le Juif des Nations.

Seize ans plus tard, le 16 décembre 1991, la résolution 4686 abroge la résolution 3379 de 1975. La rhétorique ignoble de cette dernière continue cependant à polluer le débat et c'est elle, notamment, qui sera à l'origine de l'échec de la Conférence de Durban.

11 *Ibid.*

Remerciements

Je tiens à remercier de tout cœur toutes les personnes qui m'ont aidée, soutenue, ont répondu présent et ont permis la réalisation de ce livre.

Tout d'abord, l'équipe des Éditions Luc Pire qui a accepté de se lancer dans le projet et m'a fait confiance.

Merci à toutes les personnes que j'ai interviewées. Parmi eux et elles des ami(e)s, des proches. Mais aussi des personnes que j'ai rencontrées pour la première fois et qui m'ont passionnée. Certaines interviews étaient magiques et ont permis de vrais échanges et une meilleure compréhension de l'Autre, du rapport à l'Autre. Ces conversations ont nourrit mes réflexions, ont suscité interrogations et doutes, et m'ont donc permis de grandir. Merci à vous toutes et tous pour cela, pour votre amitié et votre confiance.

Merci aussi...

À Yves Caelen, pour son amitié, son écoute chaleureuse et son sens critique. Merci pour nos discussions qui m'ont aidée à structurer certains passages, à continuer à écrire quand j'étais inquiète. Toute ma gratitude aussi pour sa relecture et sa disponibilité.

À Patrick Grauwels et Bernard Dhondt pour leurs conseils précieux.

À Charlotte Poma et Aurore Finchelstein, mes proches collaboratrices, pour leur patience pendant les dernières semaines d'écriture.

À nos fils Timothy et Kevin et leurs compagnes Chrissy et Sarah pour leurs encouragements, leur humour et leurs sourires réconfortants dans les moments de découragements.

Enfin, ma reconnaissance à mon mari Georges, toujours aussi patient, rassurant et amoureux.

J'espère que ce livre contribuera à construire ce monde que nous rêvons meilleur pour tous nos enfants. Qu'il aidera à reconstruire un dialogue rompu et pourtant nécessaire, à renouer certains fils afin de pouvoir tout simplement continuer à vivre ensemble.

Chez le même **éditeur**

Pierre Rapsat, ses rêves sont en nous, de Thierry Coljon

André Cools au fer rouge, de Louis Maraite

Playlist, de Thierry Coljon

Jacqueline Harpman, Entretiens, de Joëlle Smets

Un parcours improbable, de Henri Lederhandler, mise en récit par Serge Pairoux

L'homme du Carnaval de Rio, de Alain Taillard, mise en récit par Régis Lemaire

Ihsane Jarfi, Le couloir du deuil, de Hassan Jarfi

L'ami encombrant, de Merry Hermanus

L'épopée des verriers du pays noir, de André Henry, mise en récit par Céline Caudron et Denis Horman

Se dépasser, sans blesser ni se perdre, de Jacques Brotchi, mise en récit par Marianne Vanhecke

PTB. Nouvelle Gauche, vieille recette, de Pascal Delwit

Tant qu'il y aura des chercheurs, de Robert Halleux

En route avec Wajdi, de Marcel Leroy

Achevé d'imprimer en novembre 2015
par l'imprimerie Pulsio (Bulgarie).